100 TAGE
die die DDR erschütterten

Herausgegeben von Frank Schumann

VERLAG NEUES LEBEN BERLIN

ISBN 3-355-01168-1

Lizenz Nr. 303
LSV 0279
Umschlag: Wolfgang Gebhardt
Fotos: ADN-ZB (3)/ Bartocha (3) / Bauer (7)/ Busch (5)/ Förster (1)/ Franke (1)/ Gahlbeck (6)/ Grimm (2)/ Grubitzsch (3)/ Häßler (2)/ Haseloff (3)/ Helbig (1)/ Hiekel (1)/ Hirndorf (2)/ Junge (1)/ Kasper (1)/ Köhler (1)/ Kühl (1)/ Lehmann (2)/ Lochmann (7)/ Ludwig (2)/ Mittelstädt (12)/ Müller (2)/ Oberst (1)/ Pätzold (2)/ Reiche (3)/ Roeske (3)/ Schneider (1)/ Schulz (2)/ Senft (3)/ Settnik (3)/ Sindermann (3)/ Thieme (2)/ Uhlemann (1)/ Weisflog (1)/ Zimmermann (3); Junge Welt/Archiv (7)/ Bach (2)/ Eckebrecht (1)/ Kaufhold (1)
Typografie/Layout: Katrin Kampa/Jürgen Holtfreter
Lithografie: Grafisches Atelier M. Spönemann, Berlin (West)
Satz: Großhaus, Schmidt & Partner, Berlin (West)
Druck und buchbinderische Weiterverarbeitung: Druckerei Märkische Volksstimme Potsdam
Bestell-Nr.: 644 966 3
6,80 M

Vorwort

Die DDR am 18. Dezember 1989 sah erheblich anders aus als jene hundert Tage zuvor. Die bis dahin »staatstragende« Partei kämpfte um radikale Erneuerung und damit ums Überleben, eine neue hatte sich am 98. Tag konstituiert und eine dritte war mit einem Programm in den Wahlkampf gestartet. In der verflossenen Zeit stürzten mittels eines in der deutschen Geschichte beispiellosen Vorgangs allenthalben Mauern ein: ideologische Tempel und die Grenzbefestigungen, welche mindestens 28 Jahre lang diese schützten; Parteiführer waren von den Volksmassen aus ihren Büroburgen getrieben, und Untersuchungsausschüsse und Staatsanwälte befanden über das Maß an Korruption und Machtmißbrauch; Ministerien, Ämter und Kampfgruppen existierten nicht mehr, Staatsjagdgebiete und weitere Privilegien für die Oberen nicht minder.

Manche blieben jedoch unangetastet und bestanden fort. An dem Privileg aller beispielsweise, nicht in allen der 43¾ bezahlten Wochenstunden wirklich zu arbeiten, wurde von den wenigsten gerüttelt, um mit dieser unpopulären Forderung sich nicht den Zorn der zurecht aufgebrachten Massen zuzuziehen. Inzwischen war ein Teil der Arroganz und Selbstherrlichkeit von oben nach unten, also auf die andere Seite der Barrikade, gewechselt, und mancher glaubte, mit dem Unrecht von gestern das Unrecht von heute legitimieren zu können. Und ein weiteres Privileg vieler Gedemütigter von einst: Jeder Stolperer in der Vergangenheit konnte mit der Aura stalinistischer Verfolgung unwidersprochen verziert werden. Nach den Wochen des Heroismus waren die Wochen der Demagogie angebrochen, Konjunkturritter, Scharlatane, Wichtigtuer und Versager hatten hohe Zeit. Für die meisten aller Menschen begann die Zeit der Unsicherheit, der Angst, der Resignation.

Nachdem die namhaften Opponenten gegen die stalinistischen Verhältnisse – Schriftsteller, Künstler, Intellektuelle – als Bannerträger der Volksrevolution gefeiert und verehrt worden waren, richtete sich nach der Entmachtung der Bonzen und Bürokraten der »Volkszorn« des Kleinbürgertums ausgerechnet gegen sie. Vor allem dann, als diese weitsichtigen Warner weiterhin ihre ehrliche Meinung kundtaten. Die äußeren Zwänge zur Aufrechterhaltung von Sitte, Anstand und Vernunft waren zerstört, nun mußten in jedem selbst die eigenen moralischen Maßstäbe gelten. Und die zeigten sich bei sehr vielen als höchst unterentwickelt. Das Land war, wie sich erwies, in weiten Teilen bar jeglicher politischen Kultur; Politik wurde mit dem Bauch gemacht und nicht mit dem Kopf. »Wir sind das Volk!«, rief man gemeinsam eine Zeit. Nun befand der deutsche Spießer darüber, wer dazugehören durfte.

Die DDR im November/Dezember 1989 war vermutlich das freieste Land der Welt, es herrschte aber Freiheit ohne Demokratie. Der Staat als solcher arbeitete kaum, die Regierung bemühte sich im wesentlichen um Steuerung wirtschaftlicher und außenpolitischer Prozesse. Modrow opferte sich auf, doch sein Mühen wurde von vielen beargwöhnt. Denn auf der Straße und in vielen Einrichtungen des Staates herrschte Anarchie, die Menschen arbeiteten, demonstrierten, protestierten in einem rechtlosen Raum. Die Polizei schien gelähmt, »Volks«justiz brach sich zunehmend Bahn, Ämter wurden besetzt, »Verdächtige« von selbsternannten Richtern kontrolliert und verurteilt. Ehemalige Mitarbeiter des Ministeriums für Staatssicherheit oder abgebaute SED-Funktionäre fanden – obgleich Hunderttausende Werktätige fehlten und man vorher gefordert hatte »Stasi in die Produktion« – keine Anstellung aufgrund ihrer Herkunft; Genossen wurden öffentlich bespien und jene, die sich schützend vor sie stellten, niedergebrüllt. Ihnen allen wurde von Leuten, die jahrelang zu recht die Freiheit von Andersdenkenden eingefordert hatten, ein Kainsmal verpaßt. Ungute Erinnerungen an die deutsche Geschichte wurden wach.

Doch konnte das überraschen in einem Land, in welchem nach dem Ende des Nazireiches sich viele Mittäter und Mitläufer sehr schnell leichtfüßig auf die Seite der Sieger stellten oder besser: gestellt wurden, wo die Ansätze einer antifaschistisch-demokratischen Umwälzung abgebrochen wurden durch die Einführung stalinistischer Herrschafts- und Denkstrukturen? Aus der Hitlerdiktatur war die Ulbricht-, später die Honeckerdiktatur geworden, die eine wirkte vorherrschend physisch, die andere mehr psychisch. Das prägte das Fühlen und Handeln großer Teile des Volkes. Darum kann dem einzelnen sein Verhalten nicht zum Vorwurf gemacht werden. Seine verständliche Flucht in die private Nische endete in der Regel in der »Schwarzwaldklinik« und bei »Miami Vice« und führte nicht zur Hebung des Kulturniveaus oder gar zu eigenständigem politischem Denken. Und selbst wenn. Der genetische Defekt dieser Gesellschaft wäre darum nicht beseitigt worden. Logische Folge: Eben dieser genetische Defekt der DDR – sein Stalinismus – sorgte auch für seine Beseitigung, indem er den Staat vernichtete. Und das geschah in der Nacht vom 9. auf den 10. November.

Die notwendige Öffnung der Mauer war zu diesem Zeitpunkt eine ebenso kurzsichtige, fehlerhafte, irreparable und selbstherrliche Entscheidung wie jene, die zu ihrer Errichtung geführt hatte. Das Volk und seine Vertreter wurden nicht gefragt und die Konsequenzen nicht bedacht. Die die Entscheidung im SED-Politbüro trafen. wollten nichts als Zeit und Zustimmung gewinnen, um ihre Hälse zu retten. Um ihre Macht zu erhalten, opferten sie das ganze Land.

Daß sich die Siegermächte von einst anno '89 im Dezember im Alliiertenkontrollrat trafen, paßte in dieses Bild. Damals wie heute waren Trümmer zu sichten und Konkursmassen im Lichte globaler Interessen zu ordnen.

Und noch ein Rückgriff in die Geschichte sei an dieser Stelle erlaubt. Im »Achtzehnten Brumaire des Louis Bonaparte« finden sich neben vielen klassischen Sätzen auch diese: »Geld geschenkt und Geld gepumpt zu erhalten, das war die Perspektive, womit er die Massen zu ködern hoffte. Schenken und Pumpen, darauf beschränkt sich die Finanzwissenschaft des Lumpenproletariats, des vornehmen wie des gemeinen. Darauf beschränken sich die Springfedern, die Bonaparte in Bewegung zu setzen wußte. Nie hat ein Präsident platter auf die Plattheit der Massen spekuliert«. Lebte Marx noch und würde er die Politik der SED-Führung vom VIII. Parteitag 1971 bis einschließlich der Maueröffnung 1989 untersuchen, müßte er sich gewiß hier korrigieren. Die »Politik der Hauptaufgabe«, jener als »Einheit von Wirtschafts- und Sozialpolitik« titulierte Versuch, das Volk ohne Hebung des materiellen Wohlstandes stillzuhalten, war Bonaparte würdig.

Die vorliegende Dokumentation stellt keine Analyse dar. Sie ist keine aufgearbeitete Geschichte. Sie soll lediglich den Ablauf dieser denkwürdigen Tage im Herbst '89 widerspiegeln, wie wir diese in der DDR-Presse erlebten. Schlagzeilen-Hauptquelle war nicht zufällig das »Neue Deutschland«. Als Organ des ZK der SED war es auch dessen Sprachrohr. Hier zeigten sich am deutlichsten Weltfremdheit, Sprachlosigkeit, Ignoranz und später, nach der »Wende« am 18. Oktober, das Taktieren der »neuen« Parteiführung. Durch jede Zeile weht der Hauch der Abteilungen Agitation und Propagande des ZK der SED, ablesbar sind alle Argumentationslinien, die im ND am wenigsten durch journalistische Originalität verbogen wurden. Man hört geradezu den Marschtritt der »Konterrevolution«, welchen die Parteiführung ausgemacht hatte. Die Gebrechen des real existierenden Imperialismus wurden in den schwärzesten Farben gezeichnet, denen man die leuchtenden Errungenschaften des real existierenden Sozialismus in den Farben der DDR bibelrein und honeckerfest entgegenhielt. Fast konnte man vermuten, daß die Schwarzweißmaler Opfer ihrer eigenen Propaganda geworden waren und ernsthaft glaubten, in Bonn ständen die Neofaschisten kurz vor der Machtübernahme. Dies übrigens war ein besonders perfider Zug der Volksverdummung. Der Gedanke des Antifaschismus ist als Haltung in weiten Kreisen der DDR-Bevölkerung verinnerlicht, er wurde auch von der Spitze des Landes für sich beansprucht. Indem man also das auswärtige braune Schreckgespenst zum zentralen Thema der Politik machte, rechnete man auf Solidarität und Zustimmung für sich selbst, für »die alten, erprobten Widerstandskämpfer in der Partei- und Staatsführung«.

Die Dokumentation ist lückenhaft und unvollständig, wie es – zumindest bis vor wenigen Wochen – die Presse eben auch war. Überschriften, Meldungen und Fotos dieser hundert Tage sollen einen Eindruck, ein Gefühl vermitteln, wie und was damals hier geschah oder eben auch verschwiegen wurde. Und vielleicht sollte man sie lesen mit der nachfolgenden Bemerkung im Hinterkopf, die Karl Marx an den Anfang seines »Achtzehnten Brumaire« setzte:

»Die Menschen machen ihre eigene Geschichte, aber sie machen sie nicht aus freien Stücken, nicht unter selbstgewählten, sondern unter unmittelbar vorgefundenen, gegebenen und überlieferten Umständen. Die Tradition aller toten Geschlechter lastet wie ein Alp auf dem Gehirne der Lebenden. Und wenn sie eben damit beschäftigt scheinen, sich und die Dinge umzuwälzen, noch nicht Dagewesenes zu schaffen, gerade in solchen Epochen revolutionärer Krise beschwören sie ängstlich die Geister der Vergangenheit zu ihrem Dienste herauf, entlehnen ihnen Namen, Schlachtparole, Kostüm, um in dieser altehrwürdigen Verkleidung und mit dieser erborgten Sprache die neue Weltgeschichtsszene aufzuführen.«

Berlin, 18. Dezember 1989 Frank Schumann

Der 1. Tag

Sonntag, 10. September

Bürger aller Schichten der Bevölkerung ehrten Kämpfer gegen Faschismus: 200 000 auf der Großkundgebung in Berlin für starken Sozialismus und sicheren Frieden Feierliche Kranzniederlegung durch Mitglieder der Partei- und Staatsführung

Hermann Axen: In der DDR ist Antifaschimus Verfassungsgrundsatz und Praxis zugleich. Es ist kein Zufall, daß bewährte Antifaschisten in unserem Staat entscheidende Verantwortung tragen und der Widerstandskämpfer Erich Honecker der erste Repräsentant des sozialistischen deutschen Arbeiter- und Bauernstaates ist. Mit der sozialistischen Revolution wurde in unserem Vaterland – um mit Friedrich Engels zu sprechen – das Tor in das Reich der Freiheit aufgestoßen. Mit den sozialistischen Errungenschaften sind die Menschenrechte in ihrer Gesamtheit, die kollektiven wie die individuellen, das Recht auf ein Leben in Frieden, das Recht auf Arbeit und Bildung, die Gleichberechtigung der Frau und die Grundrechte der jungen Generation, die sozialistische Demokratie lebendige Realität geworden.
ND vom 11. 9., S. 1

In unserem Lande ist die Kommunikation zwischen Staat und Gesellschaft offensichtlich gestört...

Wir bilden deshalb gemeinsam eine politische Plattform für die ganze DDR, die es Menschen aus allen Parteien, Lebenskreisen und Gruppen möglich macht, sich an der Diskussion und Bearbeitung lebenswichtiger Gesellschaftsprobleme in diesem Lande zu beteiligen. Für eine solche übergreifende Initiative wählen wir den Namen
NEUES FORUM

Die Tätigkeit des Neuen Forum werden wir auf gesetzliche Grundlagen stellen. Wir berufen uns hierbei auf das in Art. 29 der Verfassung der DDR geregelte Grundrecht, durch gemeinsames Handeln in einer Vereinigung unser politisches Interesse zu verwirklichen...
Flugblatt

Anfang September 1989 fand in Böhlen ein Treffen von Vertretern verschiedener sozialistischer Tendenzen, darunter Christen und Marxisten, statt. Auch Mitglieder der SED waren anwesend. Die Teilnehmer des Treffens berieten angesichts der wirtschaftlichen Stagnation und der sich entwickelnden politischen Krise in der DDR über die Notwendigkeit einer tiefgreifenden politischen, wirtschaftlichen und kulturellen Umgestaltung, die dafür notwendige Zusammenarbeit aller auf den Positionen des Sozialismus stehenden weltanschaulichen und politischen Kräfte in der DDR und die Notwendigkeit der Erarbeitung einer linken, sozialistischen Alternative im Geiste sozialistischer Demokratie und Freiheit. In diesem Sinne verabschiedeten die Teilnehmer des Treffens den Appell »Für eine vereinigte Linke in der DDR«...
Mitteilung der »Böhlener Plattform«

Der 2. Tag

Montag, 11. September

Mitteilung des ADN

Wie aus Budapest verlautet, wurde sich in der UVR aufhaltenden DDR-Bürgern illegal und unter Verletzung völkerrechtlicher Verträge und Vereinbarungen in einer Nacht-und-Nebel-Aktion über die Grenze zu Österreich die Ausreise in die BRD ermöglicht. Dabei handelt es sich um eine direkte Einmischung in die inneren Angelegenheiten der Deutschen Demokratischen Republik. Unter dem Vorwand humanitärer Erwägungen wird organisierter Menschenhandel betrieben.

Mit Bedauern muß festgestellt werden, daß sich Vertreter der Ungarischen Volksrepublik dazu verleiten ließen, unter Verletzung von Abkommen und Vereinbarungen diese von der BRD von langer Hand vorbereitete Aktion zu unterstützen.

ND vom 11. 9., S. 1

Michail Gorbatschow im sowjetischen Fernsehen am 9. September:

Ich möchte mit Ihnen heute über die gegenwärtige Lage sprechen. Die Situation ist kompliziert. Wir alle wissen und spüren das... Augenblicklich ist das politische Leben von spannungsgeladenen Diskussionen gekennzeichnet. Das wichtigste dabei ist jedoch, und das möchte ich besonders betonen, daß die werktätigen Massen in Bewegung geraten sind, sie beteiligen sich immer aktiver an der Erörterung und Lösung sozialökonomischer und politischer Aufgaben. Genossen, diese Tatsache hat prinzipielle Bedeutung, weil sie der Umgestaltung konstruktiven, sachlichen Charakter verleiht, wodurch die entstandene Entfremdung des Volkes von der Macht überwunden wird.

Doch man muß auch das andere sehen. Im wilden Strudel der Diskussionen und Ereignisse der letzten Zeit kommt es auch zu solchen, die nicht außer Acht und ohne Wertung gelassen werden dürfen. Wir sehen, wie von konservativen und linksradikalen und mitunter auch von unverdeckt antisozialistischen Positionen aus Versuche unternommen werden, die Umgestaltung in Verruf zu bringen. In diesem mehrstimmigen Chor hört man sowohl Schreckensrufe bezüglich eines hereinbrechenden Chaos' als auch Reden von einem drohenden Umsturz, ja sogar eines Bürgerkrieges. Das zeugt davon, daß irgend jemand eine Atmosphäre der Unruhe, Ausweglosigkeit und Unsicherheit in der Gesellschaft schaffen will...

ND vom 11. 9., S. 5

Ungarn öffnete das Tor für Tausende DDR-Bürger
Bundesregierung heißt die Flüchtlinge willkommen
Viele benutzen eigenen Wagen – mehr als 7000 kommen über die Grenze

Der Tagesspiegel vom 11. 9., S. 1

Budapest setzte Abkommen mit Ost-Berlin außer Kraft
DDR: Organisierter Menschenhandel – Horn widerspricht
16000 DDR-Bürger reisten aus der CSSR nach Ungarn

Der Tagesspiegel vom 11.9., S. 1

Honecker will sterben

Bild vom 11.9., S. 1

Willi Stoph, Vorsitzender des Ministerrates der DDR (rechts), im Gespräch mit dem Präsidenten des Kongresses der Republik Venezuela, Dr. Octavio Lepage (links)

Der 3. Tag

Dienstag, 12. September

Erklärung von TASS

In letzter Zeit betreiben einige Massenmedien der BRD und bestimmte politische Kreise dieses Staates eine tendenziöse Kampagne gegen die Deutsche Demokratische Republik. Als Vorwand dafür dienen Fälle der illegalen Ausreise von DDR-Bürgern ins Ausland...

Ein derartiger propagandistischer Rummel um die DDR und Versuche, sich in ihre inneren Angelegenheiten einzumischen, sind unvereinbar mit der Aufnahme einer fruchtbaren gesamteuropäischen Zusammenarbeit, mit der fortschreitenden Entwicklung des Helsinki-Prozesses und mit der Festigung des Vertrauens zwischen West und Ost insgesamt...

ND vom 12.8., S. 1

Provokation gegen die DDR stabsmäßig organisiert/ Eiskaltes Geschäft mit DDR-Bürgern – Silberlinge für Ungarn

ND vom 12.9., S. 2

Der »große Coup« aus der BRD

Nach langfristiger Planung und sorgfältiger Organisation wurde am Montag in einer Nacht-und-Nebel-Aktion begonnen, mit größtem propagandistischem Aufwand eine größere Anzahl Bürger der DDR illegal und unter Verletzung völkerrechtlicher Verträge und Vereinbarungen aus der Ungarischen Volksrepublik in die BRD zu verbringen. Dies ist ein präzedenzloser Vorgang im internationalen Leben, in den Beziehungen souveräner Staaten und stellt eine offene Einmischung in die inneren Angelegenheiten der DDR und anderer Staaten dar. Die Verantwortlichen in der BRD haben diesen Schritt trotz aller Hinweise und Warnungen, entgegen allen konstruktiven Vorschlägen und Initiativen der DDR zur einvernehmlichen Lösung dieses Problems unternommen und finanziert. In einer zügellosen Hetz- und Verleumdungskampagne gegen die DDR wurden unter Mißbrauch von Reise- und Kontaktmöglichkeiten, über Massenmedien und durch direkte Aktionen unverhüllte Abwerbung und Irreführung von Bürgern unseres Staates betrieben...

ND vom 12. 9., S. 2

Ein Gramm zuwenig

Es gibt keinen Zweifel, daß in Springers »Bild«-Zeitung die klügsten Köpfe der Bundesrepublik sitzen. Kein Tag vergeht, ohne daß sie sich einen Geistesblitz aus den Fingern saugen würden. Dabei wird das Gehirn erst gar nicht beansprucht, und die Aufnahmebereitschaft ihrer Leser schätzen sie entsprechend ein. Für die Gehirnmasse dieser Springer-Leute paßt keine andere Schale. Sie bleibt zu klein, um zwischen Dichtung und Wahrheit zu unterscheiden. Was soll's. Offensichtlich kennen sie nicht einmal Goethe, der diese Frage einschlägig behandelt hat.

Laut »Bild« wollte Honecker gestern »schon nicht mehr leben« – »Bauchspeicheldrüsenkrebs«. Heute fette Schlagzeile: »Honecker will sterben«. Gleich darunter große Meldung von der »Frau, die schwanger vom Streicheln« ist. Gleich daneben vom »Tag der Heimat«: »Tumult um Momper«. Und so weiter und so fort bis »Pamela liebt alle«. Schließlich auch noch: »Ohne Bonn wäre die DDR längst pleite«. Ihre fleißigen Bürger werden gar nicht erst erwähnt. Man zählt auf: »Transitpauschale, Straßenbenutzungsgebühren, Verbesserung der Verkehrswege, Ausbau der Wasserstraßen zur Bundesrepublik, Öffnung des Teltowkanals...« Springers »Bild« tut so, als habe man dort vom Prinzip Leistung gegen Leistung noch nie etwas gehört. Da kann man nur sagen: Gott helfe den geistig Armen.
E. H.
ND vom 12. 9., S. 2

»Aufruf zur Einmischung in eigener Sache« von »Demokratie Jetzt!«: ... Entgegen aller Schönfärberei sind die politischen, ökonomischen und ökologischen Krisenzeichen des Staatssozialismus auch »in den Farben der DDR« unübersehbar. Nichts aber deutet darauf hin, daß die SED-Führung zum Umdenken bereit ist. Es scheint, als spekuliere sie auf ein Scheitern der Reformen in der Sowjetunion. Es kommt aber darauf an, die demokratische Umgestaltung mitzuvollziehen... Wir wenden uns an alle, die von der Not unseres Landes betroffen sind und laden sie zum Zusammengehen ein. Wir hoffen auf ein Bündnis aller reformwilligen Menschen, auch von Christen und kritischen Marxisten...
Aufruf vom 12. 9.

Harry Tisch, Vorsitzender des FDGB-Bundesvorstandes (rechts), wird auf dem Flughafen Frankfurt/Main vom DGB-Vorsitzenden Ernst Breit (links) willkommen geheißen.

Der 4. Tag

Mittwoch, 13. September

11 000 Flüchtlinge in die Bundesrepublik eingereist
Scharfer Protest Ost-Berlins in Budapest
Ein großer Teil von DDR-Bürgern verließ die Bonner Botschaft in Prag

Der Tagesspiegel vom 13.9., S. 1

Erklärung von CTK

In letzter Zeit haben Massenmedien und bestimmte politische Kreise der BRD um die illegale Ausreise von DDR-Bürgern ins Ausland eine Kampagne und Aktionen entfacht, die im Widerspruch zum Geist des gesamteuropäischen Prozesses, zu den Ergebnissen des Wiener KSZE-Folgetreffens und zu den grundlegenden Normen des internationalen Rechts stehen. Ihr Ziel ist es, die Erfolge herabzumindern, die die DDR bisher beim Aufbau der sozialistischen Gesellschaft erreicht hat, ihren Platz in der Gemeinschaft der europäischen Staaten in Frage zu stellen und sich in ihre inneren Angelegenheiten einzumischen.

Es ist bedauernswert, daß der illegale Weggang von DDR-Bürgern über ein drittes Land ermöglicht wird durch die Verletzung von Verträgen, die die Deutsche Demokratische Republik mit anderen Staaten geschlossen hat...

ND vom 13.9., S. 1

Jegor Ligatschow zu freundschaftlichem Gespräch im ZK der SED empfangen

Brüderliche Grüße Michail Gorbatschows an Erich Honecker überbracht / Treffen mit Werner Krolikowski: Erfahrungsaustausch auf dem Gebiet der Agrar- und Bündnispolitik / Gemeinsam völkerrechtswidrige Machenschaften in der BRD gegen die DDR verurteilt

ND vom 13.9., S. 1

Gewerkschafter aus DDR und BRD für Realismus und Dialog
Harry Tisch auf Einladung des DGB in Frankfurt/Main

ND vom 13.9., S. 1

Auf provokatorische Fragen von BRD-Journalisten im Zusammenhang mit der von der BRD und ihren Medien inszenierten Nacht-und-Nebel-Aktion verwahrte sich Harry Tisch gegen diese, wie er sagte, »Schlammschlacht«. Die DDR beschreite ihren Weg in Ruhe und Zuversicht, trotz aller Aggressivitäten, trotz aller Aufputschung der Gefühle, die es gegenwärtig gebe. Der sozialistische deutsche Staat lasse sich auf seinem Weg nicht aufhalten.

ND vom 13.9., S. 2

Note des MfAA der DDR an ungarisches Außenministerium

ND vom 13.9., S. 2

Parteiaktivisten der Bezirke an das ZK der SED

Halle: Von ganzem Herzen danken wir der Parteiführung und Dir ganz besonders für die angestrengte Arbeit zur Sicherung des Friedens und der weiteren Ausgestaltung des Sozialismus in den Farben der DDR.
Schwerin: Ein starker Aufschwung der Produktivkräfte – so hast Du es in Deinem Aufsatz »40 Jahre Deutsche Demokratische Republik« überzeugend dargelegt – dient bei uns dem Wohl der Menschen, geht mit sozialer Sicherheit einher, mit einem höheren Lebensniveau. Dafür werden wir weiter all unser Können einsetzen.
Suhl: Wir sehen unseren Auftrag darin, offensiv den Zusammenhang von starkem Sozialismus und sicherem Frieden zu erläutern, die Werte und Vorzüge unserer sozialistischen Gesellschaftsordnung überzeugend zu propagieren, die Arbeitskollektive zu hohen Leistungen zu mobilisieren und jegliche Einmischung der Feinde des Sozialismus in unsere inneren Angelegenheiten entschieden zurückzuweisen.
ND vom 13.9., S. 3/4

Druckfehler

In unserem gestrigen Beitrag »Ein Gramm zuwenig« muß es am Anfang des 2. Absatzes heißen: Laut »Bild« sollte …
ND vom 13.9., S. 2

Ehrenmedaille zum 40. Jahrestag der DDR

Der 5. Tag

Donnerstag, 14. September

Erklärung von Agerpress

Im Zusammenhang mit der illegalen Ausreise von Bürgern der DDR über die UVR in die BRD hat die Öffentlichkeit Rumäniens mit berechtigter Besorgnis von der illegalen Aktion der Bundesrepublik Deutschland Kenntnis genommen, eine große Zahl von Bürgern der Deutschen Demokratischen Republik abzuwerben und über Ungarn auszuschleusen. Diese Aktion, die in flagranter Weise den internationalen Verträgen und Vereinbarungen, den Normen der Beziehungen zwischen unabhängigen und souveränen Staaten zuwiderläuft, stellt eine offene Einmischung in die inneren Angelegenheiten der DDR sowie eine schwerwiegende Verletzung der Menschenrechte, der nationalen Gesetze und der Gesetzgebung anderer Staaten dar und reiht sich zugleich in die von revanchistischen, revisionistischen und chauvinistischen Kreisen organisierte Kampagne gegen die sozialistischen Länder und den Sozialismus überhaupt ein...

ND vom 14.9., S. 1

40 Jahre DDR – auch eine gute Verfassungsbilanz

Staats- und rechtswissenschaftliche Konferenz in Potsdam

ND vom 14.9., S. 6

Beeindruckt vom DDR-Bildungswesen
Bildungspolitiker aus der VR China besuchten in Berlin Schule und Kindergarten

ND vom 14.9., S. 6

Insgesamt haben sich 12500 DDR-Bürger seit der Nacht zum Montag aus Ungarn über Österreich in die Bundesrepublik abgesetzt.

Der Tagesspiegel vom 14.9., S. 1

Der 6. Tag

Freitag, 15. September

Michail Gorbatschow kommt zum 40. Jahrestag der DDR

Günter Mittag empfing Jegor Ligatschow im Zentralkomitee der SED

Herzliche Grüße Erich Honeckers an Michail Gorbatschow

Vertiefung der Freundschaft und der Kampfgemeinschaft SED-KPdSU

Jegor Ligatschow verurteilte tendenziöse Kampagne gegen die DDR

Beide Seiten legten Erfahrungen beim sozialistischen Aufbau dar

ND vom 15.9., S. 1

Frankenhausener Bauernkriegspanorama in die Hände des Volkes übergeben

Eindrucksvolle Kundgebung mit Horst Sindermann, Hans-Joachim Böhme und Kurt Hager

Tübkes Bild »Frühbürgerliche Revolution in Deutschland« – ein Kunstwerk von Weltrang

ND vom 15.9., S. 1

Enge brüderliche Beziehungen zwischen DDR und VR China Deng Xiaoping an Erich Honecker

ND vom 15.9., S. 1

Konferenz Berliner Bestarbeiter bekräftigt: Unsere ganze Kraft für die Stärkung des Sozialismus

Neue Verpflichtungen zur Vorbereitung des 40. Jahrestages der DDR und des XII. Parteitages der SED

Grüße Erich Honeckers überbracht

Günter Schabowski und Günter Mittag sprachen

Konstruktive und sachkundige Debatte

Brief an den Generalsekretär des ZK

ND vom 15.9., S. 1

Günter Mittag auf der Berliner Bestarbeiterkonferenz:

Ich hatte am Mittwoch wiederum Gelegenheit, mit Genossen Erich Honecker persönlich zu sprechen. Ihm geht es gut – und wir können davon ausgehen, daß er bald seine Arbeit in vollem Umfang wieder aufnehmen wird. Genosse Honecker ist fest davon überzeugt, daß die Berliner Werktätigen mit neuen großen Arbeitstaten den XII. Parteitag der SED vorbereiten werden... Wir haben dafür eine klare Orientierung. Sie wurde von Genossen Erich Honecker auf der 7. Tagung des Zentralkomitees gegeben.
ND vom 15.9., S. 4

Berliner Bestarbeiter an Erich Honecker: Die DDR ist unser Werk – mit ihr fühlen wir uns verbunden

Richtschnur unserer heutigen Aussprache wie auch unserer weiteren täglichen Arbeit und unseres politischen Wirkens in den Betrieben und Einrichtungen ist uns Deine Rede auf der 7. Tagung des Zentralkomitees der SED. Ganz in diesem Sinne haben wir auch Deine Worte an die Kollektive des Kombinates Mikroelektronik anläßlich der Übergabe des Musters des 32-bit-Mikroprozessors als Orientierung für unsere Arbeit verstanden. Wir versichern Dir, unsere ganze Kraft dafür einzusetzen, den Sozialismus in unserem Lande weiter zu stärken und den Kurs der Hauptaufgabe in ihrer Einheit von Wirtschafts- und Sozialpolitik für ein Leben aller Bürger in Frieden, sozialer Sicherheit und Geborgenheit konsequent fortzusetzen.
ND vom 15.9., S. 5

Günter Mittag, Mitglied des Politbüros und Sekretär des ZK der SED bei seinem Schlußwort auf der Berliner Bestarbeiterkonferenz

Der 7. Tag

Samstag, 16. September

Mitteilung von ADN

Wie ADN erfährt, hat der Präsident der Volkskammer der DDR, Horst Sindermann, sich mit folgendem Schreiben an den stellvertretenden Vorsitzenden der SPD-Bundestagsfraktion Prof. Dr. Ehmke gewandt:

Die von Ihnen am gestrigen Tage auf der internationalen Pressekonferenz in Bonn gemachten Ausführungen zur Reise der Bundestagsfraktion sowie die Ausführungen des Vorsitzenden der SPD, H.J. Vogel, im Bundestag am Donnerstag nachmittag besagen eindeutig, daß der im Frühjahr dieses Jahres vereinbarte Besuch einer Delegation der SPD-Bundestagsfraktion nicht den vereinbarten Zielen des Dialogs im Interesse des Friedens und der Sicherheit sowie der gleichberechtigten Zusammenarbeit der beiden deutschen Staaten dient, sondern voll und ganz nur auf Konfrontation und direkte Einmischung in die inneren Angelegenheiten der Deutschen Demokratischen Republik gerichtet ist.

Die beiden genannten Erklärungen sind im Inhalt gegen die Vereinbarungen zwischen SED und SPD über die Notwendigkeit des Kampfes um die Sicherung des Friedens gerichtet und in ihrer Form beleidigend und herausfordernd. Eine solche Reise würde nicht den grundlegenden Interessen des Friedens und der Zusammenarbeit dienen, sondern nur darauf gerichtet sein, die Spannungen zu erhöhen.

Es ist daher festzustellen, daß die Erklärungen von Prof. Ehmke und H.J. Vogel die Reise selbst gegenstandslos gemacht haben. Der Besuch kann deshalb nicht stattfinden.

ND vom 16.9., S. 2

Vilshofer Bürgermeister: Anwerbung von DDR-Bürgern ist »Sklavenhandel«

ND vom 16.9., S. 2

System der Leitung und Planung – flexibel und weiter ausbaufähig
Für neue Schritte haben wir stets zuvor ausreichende Voraussetzungen geschaffen

ND vom 16.9., S. 10

Budapest warnt Verbündete vor einer Zerrüttung der Beziehungen
Zahl der Flüchtlinge über Ungarn auf 14000 gestiegen
Politbüromitglied Tisch: DDR will Reisepraxis nicht ändern

Der Tagesspiegel vom 16.9., S. 1

Der 8. Tag

Sonntag, 17. September

Prof. Dr. Jürgen Kuczynski wird 85. »In der vom Generalsekretär des ZK, Erich Honecker, unterzeichneten Grußadresse wird dem Jubilar für sein jahrzehntelanges Wirken als streitbarer Wissenschaftler, Publizist und Propagandist im Sinne der Politik unserer Partei gedankt, das mit der vierzigjährigen Geschichte unserer Republik untrennbar verbunden ist«.

ND vom 18. 9., S. 2

Von welchem Geist ist die Kampagne durchdrungen, die in den Sommermonaten des Jahres 1989 gegen die DDR entfacht worden ist? Die deutliche Belebung nationalistischer und revanchistischer Tendenzen in der BRD reflektiert sich im Frühjahr 1989 in der Artikulierung großdeutschen Ungeistes, der verstärkt vorgetragenen Anmaßung, für alle Deutschen zu sprechen und in der Betonung, eine »Obhutspflicht« für alle DDR-Bürger ausüben zu wollen. Insofern richtet sich solcher Ungeist und die von ihm erfüllte Politik nicht gegen die DDR allein, sondern gegen den Sozialismus, gegen den Status quo in Europa.

In diesem geistig-ideologischen Rahmen vollziehen sich Vorbereitung und Durchführung der Kampagne. Als Mittel zum Zweck nutzen ihre Initiatoren irregeleitete Bürger der DDR, denen man in BRD-Botschaften widerrechtlich Aufenthalt gewährt und die besonders um die Budapester Botschaft herum versammelt werden, um bei ihnen die Hoffnung auf eine illegale Ausreise zu nähren.

Aus einem internen Schulungsmaterial des MfS vom September 1989

Daß wir die Deutschen aus der DDR in der Bundesrepublik als selbstverständlich gleichberechtigte Bürger aufnehmen, wird von der DDR als Angriff auf ihre Souveränität, in dürren Worten: als Angriff auf die von ihr beanspruchte schrankenlose Verfügungsgewalt über den Menschen betrachtet. Aber auch in der Bundesrepublik stimmen die politischen Kräfte darin überein, daß es im Grunde besser wäre, wenn es die politischen Verhältnisse in der DDR allen dort lebenden Deutschen erlaubten, in ihrer Heimat zu bleiben.

Der Tagesspiegel vom 17. 9., S. 1

Der 9. Tag

Montag, 18. September

Prawda: Anschlag auf die Stabilität
Rude Pravo: Wir unterstützen unsere Freunde

ND vom 18. 9., S. 2

In Berlin (West) enormer Anstieg der Obdachlosigkeit
Aufhebung der Mietpreisbindung verschärfte Notlage

ND vom 18. 9., S. 1

Resolution der Rockmusiker und Liedermacher vom 18. September:

Wir, die Unterzeichner dieses Schreibens sind besorgt über den augenblicklichen Zustand unseres Landes, über den massenhaften Exodus vieler Altersgenossen, über die Sinnkrise dieser gesellschaftlichen Alternative und über die unerträgliche Ignoranz der Staats- und Parteiführung, die vorhandene Widersprüche bagatellisiert und an einem starren Kurs festhält. Es geht nicht um »Reformen, die den Sozialismus abschaffen«, sondern um Reformen, die ihn weiterhin in diesem Land möglich machen. Denn jene momentane Haltung den existierenden Widersprüchen gegenüber gefährdet ihn...

Die Zeit ist reif. Wenn wir nichts unternehmen, arbeitet sie gegen uns.

Komitee-Informationen Nr. 6

Eberhard Anrich, 1. Sekretär des FDJ-Zentralrats (2. v. l.) im Gespräch mit Bauarbeitern in Berlin-Hellersdorf

Der 10. Tag

Dienstag, 19. September

12000 Westberliner ohne Dach überm Kopf
Sie leben auf Parkbänken, in Grünanlagen
und auf Hausböden
3000 ständig auf der Straße
Obdachlosigkeit so hoch wie noch nie

ND vom 19.9., S. 1

Herr Jelzin auf dem Holzweg

... Man möchte hoffen, daß die Anhänger, die Herr Jelzin daheim bisher hatte, von seinen Auftritten in Amerika recht ausführlich Kenntnis erhalten. Sie werden aus allen Wolken fallen.

ND vom 19.9., S. 2

Menschenhandel
Tatsachen enthüllen den rücksichtslosen Umgang der BRD
mit Menschenschicksalen und mit dem Völkerrecht
Menschenhandel mit Diplomatenpaß
Als Malteser getarnt

Im Widerspruch zu Verträgen – wie BRD-Bürger
gemacht werden

Konzertierte Aktion zwischen Bundesregierung und Medien

»Tag X« unter Regie von Innenministerium
und Bundesgrenzschutz

»Hier ist die Arbeitskraft eine Ware«

Keine Hoffnung auf bezahlbare Wohnung

Nach anfänglicher Euphorie kommt das Tal
der Enttäuschung

... Alles Gerede in der Bundesrepublik von »Menschlichkeit« und »Menschenrechten« erweist sich wieder einmal als Lug und Trug. Der von Kräften der Bundesrepublik organisierte und stabsmäßig geplante Menschenhandel dient allein der revanchistischen, großdeutschen Politik einer Wiederherstellung des »Großdeutschen Rei-

ches in den Grenzen von 1937«, einer Revision der Ergebnisse des Zweiten Weltkrieges und der Nachkriegsentwicklung. Es ist der Versuch, das 40jährige sozialistische Aufbauwerk der Bürger der DDR zu diskreditieren. Dieser Versuch wird scheitern, aber verantwortliche politische Kräfte der BRD haben sich vor aller Welt als diejenigen entlarvt, die in massiver Weise den Prozeß der Entspannung und Zusammenarbeit in Europa gefährden.
ND vom 19.9., S. 3

Präsident des Kinderschutzbundes: BRD wird immer mehr zu einer kinderfeindlichen Gesellschaft

Rund 400000 Schulkinder im Alter von 13 bis 16 Jahren zu Lohnarbeit gezwungen

ND vom 19.9., S. 5

Komitee für Unterhaltungskunst an das ZK der SED, Leiter der Abt. Kultur, Ursula Ragwitz, am 19. September:

... Wir appellieren an die Partei- und Staatsführung, Einfluß darauf zu nehmen, daß viele unserer gesellschaftlichen Widersprüche und hausgemachten Probleme in der Presse weder bagatellisiert noch als ausschließliche Abwerbungs, Ausplünderungs- und Menschenhandelsaktionen der BRD reflektiert werden. Gefragt sind jetzt schonungslose Offenheit und kluge Argumentation...
Komiteeinformationen Nr. 6

In 11 der 15 Bezirke der DDR wird am 19. September die Tätigkeit des NEUEN FORUM angemeldet.
Flugblatt

Der 11. Tag

Mittwoch, 20. September

Nicolae Ceausescu verurteilt Einmischung in innere Angelegenheiten der DDR
Strikte Einhaltung der Schlußakte von Helsinki verlangt

ND vom 20. 9., S. 1

Grüße Kim Il Sungs an Erich Honecker: Botschafter der KDVR übergab Film über Weltfestspiele

ND vom 20. 9., S. 1

Erneut provokatorischer Anschlag gegen die Staatsgrenze der DDR
Leben von Grenzsoldaten ernsthaft gefährdet

ND vom 20. 9., S. 1

»Rodong Sinmun«: Grobe Einmischung in innere Angelegenheiten

»Gegenwärtig verüben Behörden der Bundesrepublik Deutschland eine gegen die DDR gerichtete grobe Verleumdungskampagne und begehen nicht zu rechtfertigende Handlungen, mit denen sie Bürger der DDR irreleiten«, heißt es in einem Kommentar der führenden Zeitung der Koreanischen Demokratischen Volksrepublik, »Rodong Sinmun«.
ND vom 20. 9., S. 2

Politischer Ausschuß des Zentralvorstandes der LDPD: Die Politik der DDR ist auf den Bürger und seine Wohlfahrt gerichtet. Prof. Dr. Manfred Gerlach sprach auf festlicher Veranstaltung zum 40. Jahrestag der DDR

ND vom 20. 9., S. 2

Kim Il Sung empfing DDR-Minister zu Gespräch
Hohe Wertschätzung für prinzipienfeste Politik der SED

ND vom 20. 9., S. 6

In der BRD 10000 Opfer der Berufsverbote
»Apostel der Menschenrechte« in Bonn betreiben Gesinnungsterror

ND vom 20. 9., S. 6

Tausende Menschen in Berlin (West):
Obdachlos und ohne jede Hoffnung
Ehemaliger Maurer lebte mit seiner Frau vier Monate unter Baum am Landwehrkanal

ND vom 20.9., S. 6

Oppositionsbewegung »NEUES FORUM« beantragte in der DDR Zulassung
Mitbegründer Arnold nach Festnahme in Leipzig wieder frei
Zahlreiche andere Bürger blieben in Polizeigewahrsam

Der Tagesspiegel vom 20.9., S. 1

Bonner Botschaft in Warschau von heute an geschlossen

Der Tagesspiegel vom 20.9., S. 1

Margot Honecker, Minister für Volksbildung, zu Besuch im Polytechnischen Zentrum des VEB Elektromechanik Berlin-Kaulsdorf

Der 12. Tag

Donnerstag 21. September

Hartmut Ferworn, Berlin, nach einer Ungarnreise gegenüber ND: »Ich habe erlebt, wie BRD-Bürger ›gemacht‹ werden«

- In den Fängen kaltblütiger berufsmäßiger Menschenhändler
- BRD-Botschaft Wien – eine Zentrale der Abwehrkampagne
- D-Mark-Scheine als Lohn für gewissenlose Schlepper

ND vom 21.9., S. 1

Sechs Wochen später

In eigener Sache

Unsere Veröffentlichung vom 21. September »Ich habe erlebt, wie BRD-Bürger ›gemacht‹ wurden« hat eine nachhaltige kritische Reaktion bei unseren Lesern ausgelöst. Die Redaktion erhielt zahlreiche Zuschriften, in denen die Darstellung bezweifelt wurde, weil der Fall nicht typisch für den Weggang zahlreicher DDR-Bürger sei. Wir müssen diese Kritik mit dem heutigen Erkenntnisstand akzeptieren, und bedauern deshalb die Veröffentlichung...

ND vom 3.11., S. 2

Scharfer Protest gegen Schüsse auf DDR-Grenzsoldaten Feldwebel Hartmann: Keinem wird erlaubt, unser Land anzutasten

ND vom 21.9., S. 1

Großdeutscher Ladenhüter auf der Kirchenversammlung

In Eisenach hat dieser Tage die Synode des Bundes der Evangelischen Kirchen in der DDR stattgefunden. Bemerkenswert an dieser Kirchenversammlung war zunächst einmal der äußere Umstand, daß offenbar ebenso viele Westjournalisten nach Eisenach gekommen waren wie Synodale...

Wie aus den Berichten der BRD-Medien hervorgeht, sind in Eisenach, wohlgemerkt auf einer Synode, diese alten Hüte wieder aufgetischt worden. Alter Quark wurde da als Frischkäse angeboten: Was den Feinden des sozialistischen deutschen Staates trotz größter Anstrengungen in vier Jahrzehnten nicht gelungen ist, die konterrevolutionäre Beseitigung des Sozialismus, der Macht der Arbeiter und Bauern auf deutschem Boden, das soll nun mit »wirtschaftlichen Reformen«, Standpunkten, »die von der einstimmig von den Verantwortlichen vertretenen Politik abweichen«, und mit »Gegenstrukturen« nachgeholt werden. Was da im Westen aus dem Bericht an die Synode zitiert wurde, ist in letzter Konsequenz ein Katalog von Maßnahmen, um die DDR kapitalistisch und für die »Wiedervereinigung« sturmreif zu machen...

ND vom 21.9., S. 2

Bürger der DDR empört über den Menschenhandel der BRD

- »Ich habe in Ungarn erlebt, wie der ›Tag X‹ vorbereitet wurde«
- »Jugendliche von Abwerbern regelrecht eingekreist«
- »Nur eine Schlußfolgerung: Jetzt erst recht unsere DDR stärken«

ND vom 21.9., S. 3

Akuter Wohnungsmangel in der BRD treibt immer mehr Menschen in Not
Miete verschlingt bis zu 50 Prozent des Einkommens
Für »unteres Drittel« unbezahlbar

ND vom 21.9., S. 5

BRD: Studenten auf Suche nach einer Bleibe

ND vom 21.9., S. 5

Bürger in Berlin (West) noch kräftiger zur Kasse gebeten
Teurer: Wasser, Abwasser, Straßenreinigung, Müllabfuhr

ND vom 21.9., S. 5

Vor dem Hintergrund sozialer Probleme: Pfandleihen stehen in der BRD hoch im Kurs
Versatzämter verzeichnen enorme Umsatzsteigerungen

ND vom 21.9., S. 5

Minister räumt ein: Von kinderfreundlichem Klima kann in der BRD nicht die Rede sein

ND vom 21.9., S. 5

Günter Schabowski, 1. Sekretär der SED-Bezirksleitung Berlin (links), im Gespräch mit Miklos Jakes, Generalsekretär des ZK der KPTsch, in Prag

Der 13. Tag

Freitag, 22. September

Verstärkung der Zusammenarbeit für Sozialismus und Frieden erörtert
Turnusmäßige Beratung der Sekretäre für ideologische Fragen der Zentralkomitees von Bruderparteien sozialistischer Länder eröffnet
Ansprache von Kurt Hager

ND vom 22.9., S. 1

In der BRD fehlen rund 500000 Kindergartenplätze

ND vom 22.9., S. 1

Mitteilung des Ministers des Inneren

Der Minister des Inneren teilt mit, daß ein von zwei Personen unterzeichneter Antrag zur Bildung einer Vereinigung »Neues Forum« eingegangen ist, geprüft und abgelehnt wurde. Ziele und Anliegen der beantragten Vereinigung widersprechen der Verfassung der Deutschen Demokratischen Republik und stellen eine staatsfeindliche Plattform dar. Die Unterschriftensammlung zur Unterstützung der Gründung der Vereinigung war nicht genehmigt und folglich illegal. Sie ist ein Versuch, Bürger der Deutschen Demokratischen Republik über die wahren Absichten der Verfasser zu täuschen.

ND vom 22.9., S. 2

Polizei knüppelte in Köln Hunderte Antifaschisten brutal zusammen

- Zahlreiche Verletzte
- 28 Festnahmen
- Neonazis geschützt

ND vom 22.9., S. 1/2

Auf dem Weg zum XII. Parteitag der SED:
Einheitlich und geschlossen setzen wir unseren klaren und sicheren Kurs zum Wohle des Volkes fort
Aus dem Schlußwort von Horst Dohlus auf der Konferenz der Parteigruppenorganisatoren der Stadtparteiorganisation von Karl-Marx-Stadt:

Ich hebe hier gern hervor, daß Genosse Erich Honecker und alle Genossen der

Parteiführung diesen bewährten und standhaften Parteiarbeitern an der vordersten Front unseres Kampfes, die ihre Aufgaben im Dienste der Partei mit großem persönlichen Einsatz erfüllen, hohe Aufmerksamkeit, Achtung und Anerkennung entgegenbringen. Euch allen, liebe Genossinnen und Genossen, herzlichen Dank...

Bei uns ist der Sozialismus für alle da, er braucht jeden und eröffnet jedem ein weites Feld schöpferischer Beteiligung an der Lösung der Aufgaben zum Nutzen aller wie des einzelnen. Wer diesen Vorzug nicht sehen will und ihn verblendet von Illusionen durch unüberlegte Schritte in eine andere Richtung preisgibt, wird sehr bald merken, wem er auf den Leim gegangen ist, wie sich das gegenwärtig schon zeigt...

In welcher Richtung gilt es jetzt das Niveau der Arbeit der Grundorganisationen und ihrer Parteigruppen weiter zu entwickeln, um in Vorbereitung auf den XII. Parteitag ihren Beitrag zur Stärkung der Kampfkraft zu erhöhen?

Erstens kommt es darauf an, ihren politisch-ideologischen Einfluß auf die Förderung eines guten optimistischen Klimas in den Arbeitskollektiven entscheidend zu verstärken...

Zweitens bestehen höhere Ansprüche an die Arbeit der Grundorganisationen und ihrer Parteigruppen darin, im Kampf um die Erfüllung der ökonomischen Aufgaben die Erziehung und Befähigung der Genossen für das Wahrnehmen der persönlichen Verantwortung generell zu verstärken...

Drittens gilt es, die Parteiarbeit noch stärker auf die politische Stählung der Kommunisten zu richten, damit sie in allen Situationen zu kämpfen verstehen und neuen Herausforderungen gewachsen sind...

Was erfordert heute ein fester Standpunkt von einem Parteimitglied?

- In erster Linie verlangt es eine klare klassenmäßige Position, für die unsere marxistisch-leninistische Weltanschauung zuverlässigen Halt gibt.
- Er verlangt unerschütterliche Treue zum Zentralkomitee, aus der ein Komunist, der aus eigener, freier Entscheidung sein Leben mit der Partei verbunden hat, Optimismus und Zuversicht schöpft.
- Ein fester Standpunkt verlangt, sich für alles mitverantwortlich zu fühlen, was für das Gedeihen des Sozialismus, für das Wohl der Menschen von Bedeutung ist, stets wachsam zu sein und sich weder von Hetze noch von wohlklingenden Tönen des Gegners beirren zu lassen. Nie darf man aus dem Blick verlieren, daß die Hauptfunktion der imperialistischen Propaganda, der imperialistischen Medien der Kampf gegen den Sozialismus ist...

Unser Prinzip bleibt – und das lassen wir uns von niemandem antasten –, die Partei ist für das Volk da, und das einzige Privileg eines Genossen besteht darin, dem Volke zu dienen.

ND vom 22.9., S. 3

Drogenhändler spritzen Bremer Kindern Heroin

ND vom 22.9., S. 5

Berlin (West): Neonazis verstärken Aktivitäten

ND vom 22.9., S. 5

Dopingskandal um BRD-Heber

ND vom 22.9., S. 8

Konferenz der Karl-Marx-Städter Parteigruppenorganisation

Horst Dohlus, Mitglied des Politbüros und Sekretär des ZK der SED, bei seiner Rede in Karl-Marx-Stadt

Der 14. Tag

Samstag, 23. September

Partei- und Staatsdelegation der DDR reist zu Freundschaftsbesuch in die Volksrepublik China
Abordnung unter Leitung von Egon Krenz folgt Einladung des ZK der Kommunistischen Partei Chinas und der Regierung des Landes

ND vom 23.9., S. 1

Sekretäre für Ideologie von Bruderparteien im ZK der SED
Herzliche Grüße Erich Honeckers von Günter Mittag übermittelt

ND vom 23.9., S. 1

Im Museum für Deutsche Geschichte in Berlin:
Zentrale Ausstellung »40 Jahre DDR« zeigt Bilanz erfolgreichen Weges
Willi Stoph, Horst Sindermann und weitere Mitglieder der Partei- und Staatsführung bei Eröffnung
Sachzeugen und Dokumente verdeutlichen Errungenschaften des Sozialismus

ND vom 23.9., S. 1

Margot Honecker vor dem Bezirkstag in Halle:
Aus dem eigenen Leben etwas machen für sich und andere, das kann jeder bei uns

ND vom 23.9., S. 4

Augenzeugen berichten über Kölner Polizeiterror:
»Es war wie eine Treibjagd«
800 Beamte prügelten auf Antifaschisten ein
Jugendliche wie Schwerverbrecher behandelt
31 Verhaftete und zahlreiche Verletzte
Für Presse der BRD kein Thema

ND vom 23.9., S. 5

Gerald Götting, Vorsitzender der CDU (2. v. l.) und Eberhard Anrich (2. v. r.) im Gespräch mit jungen Christen in der FDJ

Admiral Schmähling: Bundeswehr propagiert verstärkt Feindbild

ND vom 23. 9., S. 5

Margot Honecker vor dem Bezirkstag in Halle: Aus dem eigenen Leben etwas machen für sich und andere, das kann jeder bei uns

ND vom 23. 9., S. 4

Nach dem Terror die bittere Enttäuschung / Erlebnisse unter der Bonner »Obhut« Der Weg aus den Zeltlagern der Verheißung in die Kälte der Ellenbogengesellschaft

ND vom 23. 9., S. 6

Wo eine selbstherrliche Obrigkeit sich jeglichem Dialog mit der Bevölkerung ihres Landes entzieht, der über bestellte Lobhudeleien nicht hinausgeht, droht Explosionsgefahr. Die Absicht des Regimes, die wachsende Mißstimmung mit großangelegten Feiern zum 40. Jahrestag der DDR-Gründung zu überspielen, könnte sich als gefährliche Illusion erweisen.
Der Tagesspiegel vom 23. 9., S. 1

Der 15. Tag

Sonntag, 24. September

Erntefest in der Kooperation Burow
Bauern haben mit gutem Ertrag ihr Wort eingelöst
Umzug zeigte großen Wandel auf dem Lande
Werner Krolikowski und Margarete Müller feierten gemeinsam mit den Dorfbewohnern

Auf dem Festplatz übergaben vier junge Bäuerinnen und Bauern nach alter Tradition die aus Ähren gebundene und bunt geschmückte Erntekrone an Werner Krolikowski. Er bedankte sich bei den Burower Bauern für die fleißige Arbeit und überbrachte herzliche Grüße des Generalsekretärs des ZK der SED und Vorsitzenden des Staatsrates, Erich Honecker. »Diese Erntekrone ist ein schönes Symbol für das durch die SED festgefügte Bündnis der Arbeiterklasse und der Klasse der Genossenschaftsbauern, das die entscheidende Grundlage für unseren sozialistischen Staat bildet«, sagte das Mitglied des Politbüros unter dem Beifall der Burower und ihrer Gäste. Nie werden wir deshalb zulassen, daß jemand an der Arbeiter-und-Bauern-Macht in der DDR rüttelt.

ND vom 25.9., S. 1

Traditionelles Erntefest in Burow, Bezirk Neubrandenburg

Der 16. Tag

Montag, 25. September

Athen: Resonanz auf Ausstellung »40 Jahre DDR«

ND vom 25. 9., S. 1

Internationales Komitee Buchenwald-Dora: Eindringliche Warnung vor dem Neonazismus in der BRD

ND vom 25. 9., S. 1

Berufsverbot gegen Lehrerin in BRD angeprangert

ND vom 25. 9., S. 1

Bereits 170 Drogentote in Nordrhein-Westfalen

ND vom 25. 9., S. 1

Im Ministerium des Innern wurde Bärbel Bohley und Jutta Seidel am 25. September mitgeteilt, daß »der Antrag auf Zulassung der Vereinigung Neues Forum abgelehnt wird«. Begründung: Es bestehe keine gesellschaftliche Notwendigkeit für eine derartige Vereinigung.
neues forum 1/89

Antifaschistische Widerstandskäpfer an Erich Honecker: Mit ganzem Herzen für die auf das Wohl des Volkes gerichtete Politik

ND vom 25. 9., S. 2

Anhaltende Empörung über Terror gegen Antifaschisten
Überfall der Polizei vom BRD-Fernsehen totgeschwiegen

ND vom 25. 9., S. 5

Gewerkschafter über die soziale Wirklichkeit der BRD: »Rette-sich-wer-kann-Gesellschaft«

Massenarbeitslosigkeit und Wohnungsnot sind Hauptprobleme
Ellenbogenmentalität in der Gesellschaft vorherrschend
Obdachloser in Rüsselsheim zu Tode geprügelt

ND vom 25. 9., S. 5

Der 17. Tag

Dienstag, 26. September

Partei- und Staatsdelegation der DDR führt in Peking politische Gespräche

Abordnung unter Leitung von Egon Krenz herzlich begrüßt / Meinungsaustausch mit Qiao Shi zu aktuellen Fragen des sozialistischen Aufbaus in beiden Ländern, über Aufgaben der weiteren Gestaltung der Zusammenarbeit zwischen SED und der KP Chinas, zu Problemen der internationalen Entwicklung / Toaste beider Politiker auf einem Empfang

ND vom 26.9., S. 1

Minister Nordrhein-Westfalens: Katastrophale Wohnungsnot in der BRD ohne Ende Für die sozial Schwachen immer weniger Unterkünfte

ND vom 26.9., S. 1

Erich Honecker akkreditierte Botschafter im Staatsrat der DDR / Leiter von diplomatischen Vertretungen übergaben ihr Beglaubigungsschreiben

ND vom 26.9., S. 2

Heinrich-Heine-Fonds: Menschenrechten in der BRD endlich Geltung verschaffen

ND vom 26.9., S. 5

Raketengegner mußte Haftstrafe antreten

ND vom 26.9., S. 5

Bielefeld: Studenten sollen in Schlafwagen wohnen

ND vom 26.9., S. 5

Als »Sonderangebote« verramscht...

- »Zustände wie im vorigen Jahrhundert« bei BRD-Leiharbeitsfirmen aufgedeckt
- Menschenhandel mit superbilligen Arbeitskräften als neues Super-Profitgeschäft

ND vom 26.9., S. 6

Egon Krenz, Mitglied des Politbüros und Sekretär des ZK der SED (rechts), wird von Qiao Shi in Peking begrüßt.

»DDR 40« ist Besuchermagnet in der griechischen Metropole
Ausstellung dokumentiert Leistungsfähigkeit des sozialistischen deutschen Staates

ND vom 26. 9., S. 6

Dopingmittel »an der nächsten Straßenecke«
Interessantes Eingeständnis
Vizepräsident des BRD-Heberverbandes gibt »Mängel« zu

ND vom 26. 9., S. 7

In der Bonner Botschaft in Prag halten sich fast tausend DDR-Bürger auf
8000 Personen demonstrierten in Leipzig
Zahlreiche Festnahmen

Der Tagesspiegel vom 26. 9., S. 1

Der 18. Tag

Mittwoch, 27. September

Als bedeutendstes Bauvorhaben der Deutschen Post zum 40. Jahrestag der DDR wurde der erste Abschnitt der neuen Ortsvermittlungsstelle 20 in Berlin-Mitte übergeben. Harry Tisch, Vorsitzender des FDGB-Bundesvorstandes und Mitglied des Politbüros des ZK der SED, überzeugte sich in Anwesenheit von Hauptdirektor Heinz Seemann (M), Leiter der Bezirksdienststelle der Deutschen Post Berlin, und Telefonistin Simone Günther (r.) bei einem ersten Telefonat von der Funktionstüchtigkeit der Anlage
ADN-ZB / 26.9.; ND vom 27.9., S. 1/3

Sieben Wochen später: Hallo, hallo, hier Potemkin

Die Bezirksdirektion der Post hat am 26. September demonstriert, zu welchen außergewöhnlichen Telefon-Leistungen sie doch fähig ist. An jenem Tag wurde die neue Fernsprech-Ortsvermittlungsstelle 20 in der Französischen Straße in Betrieb genommen – mit einem Telefonat des damaligen FDGB-Vorsitzenden Harry Tisch. Reporter schossen ihre Fotos, als er zum Hörer griff und der Verbindung in die neuen Wohngebiete um die Friedrichstraße eine gute Qualität bescheinigte. Beifall in allen Medien, auch der BZA. Jetzt wissen wir, daß es sich bestenfalls um eine Verbindung zu einem Potjomkinschen Dorf gehandelt haben kann – denn die Vermittlungsstelle ging tatsächlich erst am 13. Oktober in Betrieb...
BZA vom 15.11., S. 8

Unser Wohnungsbau und das soziale System

Unter den großen Leistungen unseres Volkes, auf die wir stolz sein können, gebührt dem Wohnungsbauprogramm einer der vordersten Plätze. Schon die bloßen Zahlen der Statistik machen deutlich: Als unsere Republik gegründet wurde, gab es bei uns 5,1 Millionen Wohnungen, 27 auf 100 Einwohner und 12 Quadratmeter für jeden Bürger. Zum 40. Jahrestag der DDR verfügen wir über mehr als sieben Millionen Wohnungen. Das sind 42 für 100 Bürger. Mit 27 Quadratmetern hat sich die Wohnfläche für jeden mehr als verdoppelt. Und all das bei stabilen Mietpreisen, die im Budget der Familie rund drei Prozent ausmachen...
ND vom 27.9., S. 2

Vor dem 40. Jahrestag unserer Republik

Wir sind stolz auf das, was wir gemeinsam geschaffen haben

Sozialismus hat Leben der Menschen im Mecklenburger Land von Grund auf verändert / Mitplanen, Mitarbeiten und Mitregieren – das macht das Wesen unserer Demokratie aus

Von Heinz Ziegner, Mitglied des ZK der SED und 1. Sekretär der Bezirksleitung Schwerin

Viele Bürger heben besonders die soziale Gerechtigkeit in unserem Land hervor... All das bestätigt, wie Genosse Erich Honecker sagte, »die vertrauensvolle Verbundenheit von Partei und Volk«...
ND vom 27.9., S. 3

Harry Tisch prüft die Funktionstüchtigkeit einer neuen Telefonzentrale in Berlin-Mitte

Ausstellung in Accra demonstriert Erfolge der DDR

ND vom 27. 9., S. 6

Neonazis überfielen in Bielefeld Marktbesucher

ND vom 27. 9., S. 3

DDR sagt Flüchtlingen in Prag Ausreise nach Rückkehr zu »binnen sechs Monaten« Unterschiedliche Reaktionen in der Botschaft auf Angebot von Anwalt Vogel

Bis zum Abend verließen nach Angaben von Kanzleramtsminister Seiters 200 Personen das Gelände, um die Rückreise anzutreten, etwa 900 wollten weiter dort bleiben. Inzwischen haben mehr als 26500 DDR-Bürger über Ungarn die Heimat verlassen.
Der Tagesspiegel vom 27. 9., S. 1

Der 19. Tag

Donnerstag, 28. September

Führende Politiker kommen zum 40. Jahrestag der DDR
Volksrepublik Polen: Wojciech Jaruzelski, Mieczyslaw Rakowski und Krzysztof Skubieszewski
CSSR: Miklos Jakes
Sozialistische Republik Rumänien: Nicolae Ceausescu

ND vom 28.9., S. 1

350 000. Wohnung seit 1971 im Bezirk Karl-Marx-Stadt
Meeting mit Siegfried Lorenz im Zentrum von Zwickau
WBK Erfurt errichtete bisher 120 000 Neubauwohnungen

ND vom 28.9., S. 1

Aktionswoche in Köln gegen Neonazi-Umtriebe

ND vom 28.9., S. 1

Wo Sklavenhandel legal ist

Dem Bundestag der BRD liegt zur Zeit eine Große Anfrage zum Thema Kinderhandel vor. Hintergrund ist die Tatsache, daß weniger Mütter Kinder zur Adoption freigeben, als adoptionsinteressierte Paare vorhanden sind. Etwa 20 000 Kinder »fehlen« jedes Jahr. Under den Bedingungen kapitalistischer Marktwirtschaft wird einer solchen Nachfrage auch ein entsprechendes Angebot entgegengesetzt – von privaten Kinderhändlern...
ND vom 28.9., S. 2

Präsident des Städtetages: In Wohnungsversorgung der BRD herrscht »nationaler Notstand«

ND vom 28.9., S. 5

Der weitaus größte Teil der DDR-Bürger, die in die Bonner Vertretungen in Prag und Warschau geflüchtet sind, ist bislang nicht auf das Angebot der DDR-Führung zur Ausreise eingegangen. Der Ostberliner Rechtsanwalt Vogel sagte den Flüchtlingen gestern erneut zu, daß sie innerhalb von sechs Monaten in den Westen ausreisen könnten, wenn sie zunächst in die DDR zurückkehren...

In Prag stieg die Zahl der Flüchtlinge auf rund 1500. In Warschau, wo sich rund 400 Flüchtlinge aufhalten, ist noch kein DDR-Bürger auf das Angebot eingegangen.
Der Tagesspiegel vom 28.9., S. 1

Der 20. Tag

Freitag, 29. September

Hohe Ehrung für vorbildliche Leistungen von Kollektiven
Willi Stoph verlieh Titel »Betrieb der sozialistischen Arbeit«

ND vom 29.9., S. 1

Dank und Anerkennung für Beste des Wettbewerbs im 40. Jahr der DDR
Ehrenbanner an weitere Kollektive überreicht
Produktionsstart für moderne Anlage

ND vom 29.9., S. 1

Wo Dörfer lautlos sterben und wo sie leben

...Zukunftsgewißheit. Bei diesem Gedanken erinnert man sich der jüngsten Angaben des BRD-Bauernverbandes. Seit 1949 mußten 981 000 Landwirte ihre Hof- und Stalltore für immer schließen. Von den existierenden Höfen steht jeder dritte vor dem Bankrott. Mit dem Hof aber stirbt das Dorf.
Bei uns lebt das Dorf.
ND vom 29.9., S. 2

Mitglieder der Partei- und Staatsführung verleihen Ehrenbanner an die Werktätigen in den Bezirken

Kein Tatbestandsirrtum

... Kein Tatbestandsirrtum also ist es, wenn auf die BRD in ihrem 40. Jahr das Brecht-Wort angewendet wird: Der Schoß ist fruchtbar noch, aus dem das kroch. Und wenn die Völker Europas, die Frieden und Sicherheit brauchen, mit Sorge verfolgen, wie Neonazis und Revanchismus sich dort ausbreiten.
ND vom 29.9., S. 2

DGB-Vorsitzender Ernst Breit: Aufruf zu Aktionseinheit gegen Neonazis in der BRD Justiz stellte Ermittlungen gegen Wehrsportgruppe ein

ND vom 29.9., S. 5

Jeder zweite Haushalt in der BRD mit über 15000 DM verschuldet

ND vom 29.9., S. 5

Joachim Herrmann, Mitglied des Politbüros und Sekretär des ZK der SED, zu Besuch in der Wollkämmerei in Leipzig

Der 21. Tag

Samstag, 30. September

Festveranstaltung zum 40. Jahrestag der Gründung der Volksrepublik China in Berlin

Festveranstaltung zum 40. Jahrestag der Gründung der Volksrepublik China
In den Kämpfen unserer Zeit stehen DDR und VR China Seite an Seite
Erich Honecker und weitere Mitglieder der Partei- und Staatsführung wurden mit großer Herzlichkeit begrüßt
Hermann Axen und Botschafter Zhang Dake betonten in Ansprachen: Freundschaft und Zusammenarbeit zwischen unseren Ländern haben eine große Zukunft

ND vom 30. 9., S. 1

Hermann Axen: Als im Frühjahr dieses Jahres dem Sozialismus feindliche Kräfte die Zuspitzung ungelöster innerer Widersprüche nutzten, um einen lang vorbereiteten, konterrevolutionären Aufruhr in Peking auszulösen, und damit Gefahren für den Sozialismus in China heraufbeschworen haben, bezogen unsere Partei, unser Staat und unser Volk eine klare internationalistische Haltung. Die Volkskammer der DDR betonte in ihrer bekannten Erklärung, daß sie die Vorgänge in Peking ausschließlich als innere Angelegenheit der VR China betrachtet und sich gegen jegliche ausländische Einmischung wendet.
ND vom 30. 9., S. 4

Hartköpfe gegen Abrüstung
Will die NATO wirklich gleichgewichtige Abrüstung? Oder will sie lediglich das bestehende militärstrategische Gleichgewicht zu ihren Gunsten verändern?...

ND vom 30.9., S. 2

USA-Präsident lehnt völlige Vernichtung chemischer Waffen ab

ND vom 30.9., S. 7

CDU und Neonazis wählten Bürgermeister

ND vom 30.9., S. 7

DGB-Funktionär prangert Gesinnungsterror an

ND vom 30.9., S. 7

...An Ossietzky zu denken an seinem 100. Geburtstag in diesem Herbst 1989 – das heißt vor allem, konsequenten Antifaschismus einzuklagen von der BRD und natürlich unseren Staat zu stärken, der seit 40 Jahren ein unüberwindlicher Riegel vor Neofaschismus, Revanchismus und anderem politischen Abenteurertum ist.
ND vom 30.9., S. 10

Auf dem Marktplatz in Arnstadt demonstrierten am 30. September auf Initiative des NEUEN FORUM 800 Menschen

neues forum 1/89

Um 21.00 Uhr hat sich der erste Zug mit 1000 DDR-Bürgern von Prag aus in Richtung Hof auf den Weg gemacht. Die Menschen, die in diesem Zug sind, werden durch die DDR reisen... Mit mindestens vier geschlossenen Zügen – um 21.00 Uhr, 23.00 Uhr, 1.00 Uhr und 3.00 Uhr morgens, fahren die Flüchtlinge im Transit durch die DDR nach Hof in Bayern.
ZDF »heute-spezial« vom 30.9., 23.55 Uhr

Der 22. Tag

Sonntag, 1. Oktober

Während einer freundschaftlichen Begegnung mit Deng Xiaoping, Vorsitzender der Militärkommission des ZK der KP Chinas, überbrachte Egon Krenz am Sonntag persönliche Grüße Erich Honeckers und die Glückwünsche zum 40. Jahrestag der Gründung der Volksrepublik China. Die Partei- und Staatsdelegation der DDR, so sagte Egon Krenz, Mitglied des Politbüros und Sekretär des ZK der SED, Stellvertreter des Vorsitzenden des Staatsrates, habe während ihres Besuches und bei der Teilnahme an den Feierlichkeiten zum 40. Jahrestag der VR China in beeindruckender Weise erleben können, in welch qualitativ neuer Weise sich die Beziehungen zwischen beiden Parteien und Staaten seit dem Gespräch zwischen Deng Xiaoping und Erich Honecker 1986 in Peking entwickelt haben.
ND vom 2.10., S. 1

Selbst bei einem technischen Halt in der DDR haben Bürger die Chance genutzt und sind auf den Zug in die Freiheit gesprungen. Übersiedler: Ich war erst auf der Disko bei uns in Dresden. Und wie ich so gegen halb zwei nach Hause gekommen bin, habe ich den Fernseher angemacht, und da kam zufällig gerade die »Tagesschau«. Und in der »Tagesschau« haben sie eben gebracht, daß die aus der Botschaft jetzt alle rüberfahren dürfen, und haben noch dazu gesagt, daß der Zug durch Dresden durchfährt. Ja, und da bin ich dann gleich los um zwei mit dem Moped nach Dresden. Und ich bin gerade rein, da ist der Zug losgerollt. Und da haben sie von drinnen die Tür aufgemacht und haben mich reingezogen.
ARD-Wochenspiegel vom 1.10.

DDR-Bürger in Prag und Warschau dürfen in
die Bundesrepublik ausreisen
Endes des Dramas in den Botschaften –
Genscher teilte in Prag Ausreiseerlaubnis den Flüchtlingen
selbst mit
In Zügen der Reichsbahn über DDR-Gebiet
Aus Prag sollten heute am frühen Morgen um 4 Uhr die
ersten 1000 der zuletzt mehr als 3500 DDR-Bürger
mit einem Sonderzug in Hof eintreffen.

Der Tagesspiegel vom 1.10., S. 1

Der 23. Tag

Montag, 2. Oktober

Humanitärer Akt

In dem Bestreben, die nicht von der Regierung der DDR herbeigeführte unhaltbare Situation in den Botschaften der BRD in Prag und Warschau zu beenden, hat die Regierung der DDR nach Konsultationen mit den Regierungen der CSSR und der VRP sowie mit der Regierung der BRD veranlaßt, daß die sich in diesen Botschaften rechtswidrig aufhaltenden Personen aus der DDR mit Zügen der Deutschen Reichsbahn über das Territorium der DDR in die BRD ausgewiesen werden. Dies erklärte der Sprecher des Außenministeriums der DDR, Botschafter Wolfgang Meyer, am Sonnabend gegenüber ADN. Der Vorgang vollzog sich – auf Vorschlag der DDR – im Verlauf der Nacht vom 30. September zum 1. Oktober.

Mit diesem humanitären Akt – so der Sprecher weiter – verbindet die Regierung der DDR die Hoffnung, daß auch seitens der Regierung der BRD Schlußfolgerungen für den normalen, den internationalen Gepflogenheiten entsprechenden Betrieb in ihren Botschaften gezogen werden.

ND vom 2. 10., S. 2

Sich selbst aus der Gesellschaft ausgegrenzt

... Zügellos wird von Politikern und Medien der BRD eine stabsmäßig vorbereitete »Heim-ins-Reich«-Psychose geführt, um Menschen in die Irre zu führen und auf einen Weg in ein ungewisses Schicksal zu treiben. Das vorgegaukelte Bild vom Leben im Westen soll vergessen machen, was diese Menschen von der sozialistischen Gesellschaft bekommen haben und was sie nun aufgeben. Sie schaden sich selbst und verraten ihre Heimat... Sie alle haben durch ihr Verhalten die moralischen Werte mit Füßen getreten und sich selbst aus unserer Gesellschaft ausgegrenzt. Man sollte ihnen deshalb keine Träne nachweinen...

ND vom 2. 10., S. 2

Micky-Maus lockt in »Weißen Tod«
Skrupellose Geschäfte von Drogenhändlern auf BRD-Schulhöfen
Schon mit elf süchtig

ND vom 2. 10., S.5

7000 Studenten suchen in Berlin (West) Bleibe

ND vom 2. 10., S. 5

Protestaktion in Essen: »Lieber 90 Lehrer als einen Jäger 90«

ND vom 2. 10., S.5

Willi Stoph bei Werktätigen im VEB Mikromat Dresden

In Köln, Düsseldorf und Dortmund: Antifaschisten protestierten gegen Einzug der Neonazis in Stadtparlamente

ND vom 2. 10., S. 5

Anonymer Anruf in der Kreisdienststelle des MfS Auerbach am 2. Oktober, 15.20 Uhr:
»Volksverdummung, 40 Jahre Volksverdummung. Hier spricht NEUES FORUM, Treuen. Ich sage euch Stasileuten, 40 Jahre Volksverdummung, das reicht«.

Internes Schulungsmaterial des MfS

Anonymer Anruf im Volkspolizeikreisamt Plauen am 2. Oktober, 23.40 Uhr:
»Am 7. Oktober halten Sie sich bereit. Theater auf dem Grotewohl-Platz. Lassen uns nichts mehr gefallen. Wir reisen aber nicht aus, verändern etwas. Treffen uns am 7. Oktober auf dem Grotewohl-Platz.«

Internes Schulungsmaterial des MfS

Der 24. Tag

Dienstag, 3. Oktober

Erich Honecker empfing Verleger Robert Maxwell
Erstes Exemplar der Enzyklopädie
»Information GDR« übergeben
Bedeutende Rolle der DDR für den Frieden
und die Sicherheit betont

ND vom 3.10., S. 1

Generale befördert und ernannt
Erich Honecker übergab anläßlich des 40. Jahrestages der
DDR die Urkunden und verlieh den Scharnhorst-Orden

ND vom 3.10., S. 1

Bewußte Falschdarstellung und grober Vertrauensbruch durch die BRD Botschafter Neubauer legte in Bonn Verwahrung ein

Der Leiter der Ständigen Vertretung der DDR in der BRD, Botschafter Horst Neubauer, legte in einem Gespräch mit dem Bundesminister für besondere Aufgaben und Chef des BRD-Bundeskanzleramtes, Rudolf Seiters, am Montag entschiedene Verwahrung dagegen ein, daß von BRD-Seiten Absprachen und Zusagen im Zusammenhang mit der Ausweisung ehemaliger DDR-Bürger aus den BRD-Botschaften in Prag und Warschau nicht eingehalten wurden. Er wandte sich nachdrücklich dagegen, daß von verantwortlichen BRD-Politikern bewußte Falschdarstellungen über den Ablauf der Aktion vom 30.9./1.10. in Umlauf gebracht werden...
ND vom 3.10., S. 2

Erklärung von CTK: BRD verletzt internationale Abkommen

ND vom 3.10., S. 2

Neonazis im Vormarsch

... Die Antifaschisten, die Sonntag abend in Nordrhein-Westfalen vor den Rathäusern gegen den Einzug der braunen Sturmabteilungen in die Stadtparlamente protestierten, gaben ein Beispiel dafür, worauf es wirklich ankommt: Kämpfen muß man gegen die Demagogie der Neonazis. Sie fordern gesetzliche Maßnahmen, um den Einzug der »Republikaner« in die Rathäuser zu unterbinden. Und den Zusammenschluß aller demokratischen Kräfte, um den weiteren Aufstieg des Neonazismus unmöglich zu machen. Das ist der einzig mögliche Weg, um ein weiteres Abgleiten der BRD in den braunen Sumpf aufzuhalten.
ND vom 3.10., S. 2

Sachverständige forderten in Bonn: Recht auf Arbeit als Menschenrecht verwirklichen Bundesanstalt für Arbeit erklärt: Recht auf Arbeit ist unvereinbar mit der marktwirtschaftlichen Ordnung

ND vom 3.10., S. 7

Präsident des Diakonischen Werkes der BRD: Ehemalige DDR-Bürger werden noch bittere Erfahrungen machen

ND vom 3.10., S. 7

Kommunalwahlen in Nordrhein-Westfalen beweisen: Neonazis weiter im Aufwind »Republikaner« ziehen in Rathäuser und Kreisvertretungen

ND vom 3.10., S. 7

Schon wieder 2000 DDR-Bürger in der Prager Botschaft
Auch in Warschau erneut Flüchtlinge
DDR und CSSR richteten Vorwürfe an Bonn
Kohl hatte vor Massenausreisen Kontakt zu Gorbatschow

Der Tagesspiegel vom 3.10., S. 1

Schadenfreude ist nicht am Platze. Die Massenflucht aus der DDR ist zu einem gefährlichen Hindernis auf dem Wege der Entspannung in Europa geworden... Wehklagen über die angebliche Bedrohung durch die böse Bundesrepublik sind in ihrer Heuchelei nur schwer erträglich... Nicht der Sozialismus ist zum Untergang verurteilt, sondern der in Ost-Berlin praktizierte Stalinismus, weil er weder den Bedürfnissen der Menschen noch den Erfordernissen der modernen Wirtschaft entspricht.
Der Tagesspiegel vom 3.10., S. 1

Bisher größte Demonstration für Demokratie in Leipzig
Die Schätzungen schwanken zwischen 10000 und 25000

Der Tagesspiegel vom 3.10., S. 1

Hamburgs Polizei vertreibt gewaltsam Sinti und Roma
Lager im ehemaligen KZ geräumt: Ausweisung droht

ND vom 3.10., S. 7

Der Rechtsanwalt Dr. Gregor Gysi protestiert im Auftrag von Bärbel Bohley und Jutta Seidel im Ministerium des Innern gegen die ablehnende Entscheidung vom 25. September.

neues forum 1/89

Anonymer Anruf in der Betriebswache des VEB Elektronik Gera um 6.15 Uhr: »Daß Sie das wissen, heute findet ein Terroranschlag im Betrieb statt«.
Anonymer Anruf beim Parteisekretär des VEB Kali-Werk Bischofferode um 8.10 Uhr: »Hier ist der Sekretär vom NEUEN FORUM. Wenn Ihr nicht bald was unternehmt, dann ist am Donnerstag der Warnstreik fällig«.
Anonymer Anruf beim Rat der Stadt Thale um 13.50 Uhr: »Am 6.10. oder 7.10. wird in Thale der Güterbahnhof in die Luft gesprengt«.
Anonymer Anruf im Rat der Stadt Stralsund um 15.20 Uhr: »Nehmen Sie das für bare Münze und geben Sie das weiter. Am 6. Oktober kommt der Oberbürgermeister zu uns in den Betrieb und da geht eine selbstgebaute Bombe hoch«.
Anonymer Anruf im Sekretariat Abt. Inneres des Rates des Kreises Flöhe um 16.10 Uhr: »Sie werden bald gehängt!«
Anonymer Anruf in der Bezirksleitung der SED Karl-Marx-Stadt um 17.20 Uhr: »Ihr zappelt nicht mehr lange, Ihr Verbrecher«.
Anonymer Anruf in der Kreisleitung der SED Jena um 18.30 Uhr: »Wir brennen Euch nieder, mit Euren zuen Grenzen«.

Internes Schulungsmaterial des MfS

Der 25. Tag

Mittwoch, 4. Oktober

Vor dem 40. Jahrestag der DDR im Hause des Zentralkomitees der SED
Treffen des Politbüros mit Widerstandskämpfern und Aktivisten der ersten Stunde
Erich Honecker: In vier Jahrzehnten hat sich bestätigt, daß die Existenz der sozialistischen Deutschen Demokratischen Republik ein Glück für unser Volk, für die Völker Europas ist
Kinderchöre und junge Künstler der Republik gestalteten mitreißendes Kulturprogramm

ND vom 4.10., S. 1

Zeitweilige Aussetzung des paß- und visafreien Verkehrs zwischen DDR und CSSR
Vereinbarung nach Konsultation mit der CSSR

ND vom 4.10., S. 1

Schülerinnen der Staatlichen Ballettschule Berlin beim »Tanz der kleinen Schwäne« auf einer Festveranstaltung des Politbüros der SED mit antifaschistischen Widerstandskämpfern

Staatliches Französisches Fernsehen: Besorgnis über den Einzug der Neonazis in BRD-Parlamente

ND vom 4.10., S. 1

Britischer Verteidigungsminister: Gegen Wiedervereinigung beider deutscher Staaten

ND vom 4.10., S. 1

Die zeitweilige Aussetzung des paß- und visafreien Verkehrs zwischen der DDR und der CSSR für Bürger der DDR erfolgte, weil ungeachtet der Bereitschaft der DDR zur Normalisierung der Lage seit Monaten und so auch jetzt eine Verleumdungskampagne geführt wird mit dem Ziel der Manipulierung der Menschen im Sinne der Bonner Politik.

Die Bonner Regierung hat ihre Botschaften in Prag und Warschau unter Bruch der Wiener Konvention über die diplomatischen Missionen zur Durchsetzung ihrer völkerrechtswidrigen revanchistischen Anmaßung einer »Obhutspflicht für alle Deutschen« mißbraucht. Sie hat dabei durch die illegale Aufnahme von DDR-Bürgern bewußt und verantwortungslos eine unhaltbare Situation in ihren Botschaften herbeigeführt, die insbesondere für die dort befindlichen Kinder unerträglich war und auch die Gefahr des Ausbruchs von Seuchen heraufbeschwor.

ND vom 4.10., S. 2

Sprecher der CSSR-Regierung: Verantwortungslose Haltung der BRD

ND vom 4.10., S. 2

Toast von Erich Honecker:

... Mit Genugtuung, ohne Selbstzufriedenheit und Überheblichkeit, können wir am heutigen Tag feststellen, daß es gelang, eine Gesellschaft aufzubauen, der trotz steigender Arbeitsproduktivität Massenarbeitslosigkeit fremd ist. Obwohl unser Wohnungsbauprogramm noch zu vollenden ist, gibt es bei uns keine Obdachlosen. Es gibt zum Glück keine Drogenmafia, kein Babyhandel, wie es in der BRD Usus ist. Soziale Sicherheit und Geborgenheit gehen bei uns Hand in Hand mit der Mehrung der materiellen Werte. Unsere Gesellschaft ist leistungsorientiert, vergißt jedoch jene nicht, die aus gesundheitlichen Gründen der Pflege und Betreuung bedürfen. Diejenigen, denen der Sozialismus ein Dorn im Auge ist, seit der Rote Oktober 1917 siegte, können ihn schon gar nicht in Gestalt der DDR auf deutschem Boden ertragen. Gerade jetzt glaubt man in der BRD, die DDR durch einen umfassenden Angriff aus den Angeln heben zu können. Daraus wird allerdings nichts. (Starker Beifall)

ND vom 4.10., S. 3

Hochschulbesuch in BRD nur für 8 von 100 Arbeiterkindern Studentenwerk: Quote in letzten Jahren weiter gesunken

ND vom 4.10., S. 5

Oder-Neiße-Grenze von Revanchisten in der BRD erneut in Frage gestellt

ND vom 4.10., S. 5

Am Abend versammelten sich vor dem Dresdner Hauptbahnhof etwa 10000 Ausreisewillige, Schaulustige und andere. Von Sicherheitskräften wurden Schlagstöcke und Wasserwerfer eingesetzt. Ca. 200 Personen warfen Pflastersteine auf Bahnhofsgebäude und Polizisten. Polizeifahrzeuge wurden beschädigt, Polizisten warfen Steine zurück. Tränengas wurde eingesetzt.
neues forum 1/89

Mehr als 10000 DDR-Bürger dürfen Prag verlassen
Sonderzüge treffen heute in der Bundesrepublik ein
Ost-Berlin schließt Grenze zu Tschechoslowakei
Dramatische Szenen vor der deutschen Botschaft

Der Tagesspiegel vom 4.10., S. 1

Aufruf des NEUEN FORUM

Das NEUE FORUM wendet sich eindringlich an alle, die mit ihm sympathisieren: Gewalt ist kein Mittel der politischen Auseinandersetzung! Laßt Euch nicht provozieren! Wir haben nichts zu tun mit rechtsradikalen und antikommunistischen Tendenzen! Wir wollen den begonnenen Dialog, ernstes Nachdenken über unsere Zukunft, keine blinden Aktionen.
Angesichts der gegenwärtigen kritischen Situation rufen wir alle Menschen in der DDR zu verantwortungsvollem, solidarischen Handeln und Denken auf.
Berlin, den 4.10.89
Flugblatt

Anonymer Anruf in der Kreisleitung der SED Marienberg um 9.35 Uhr: »Eure Bude werden wir in die Luft sprengen. Ihr elendes Gesindel«.

Anonymer Anruf im ZK der SED um 10.03 Uhr: »Die Grenze nach Prag muß offen bleiben, sonst wird am 7. Oktober am Brandenburger Tor eine Bombe hochgehen, Ihr Schweine«.

Anonymer Anruf in der Kreisleitung der SED Senftenberg um 17.55 Uhr: »Habt Ihr Eure Bude gut gesichert? Heute fliegt eine Bombe rein«.

Anonymer Anruf im Palast der Republik um 18.15 Uhr: »Am 7. Oktober fliegt Ihr alle in die Luft«.

Anonymer Anruf in der Kreisleitung der SED Eberswalde um 19.45 Uhr: Ich möchte Euch nur sagen, daß heute abend Eure Bude in die Luft fliegt«.

Anonymer Anruf im Bahnhof Lichtenberg um 23.50 Uhr: »Ein Geburtstagsgeschenk für Erich Honecker: Auf den Bahnhöfen Lichtenberg und Schönefeld in den Schließfächern ist eine Bombe. Viel Spaß noch. Geht um 2 Uhr hoch«.
Internes Schulungsmaterial des MfS

Mit dem Einsatz von Schlagstöcken haben Polizeikräfte in Leipzig am Montag abend die bislang größte Demonstration für eine demokratische Umgestaltung der DDR-Gesellschaft mit 15000 Bürgern beendet.
Der Tagesspiegel vom 4.10., S. 2

Der 26. Tag

Donnerstag, 5. Oktober

Hervorragende Leistungen von Bürgern und Kollektiven geehrt
Egon Krenz überreichte hohe Auszeichnungen im Staatsrat

ND vom 5. 10., S. 1

In der BRD:
Nach wie vor 4 Millionen Arbeitslose
45311 ehemalige Bürger der DDR registriert

ND vom 5. 10., S. 1

In Übereinkunft mit der Regierung der CSSR hat die Regierung der DDR entschieden, die Personen, die sich widerrechtlich in der Botschaft der BRD in Prag aufhalten, über das Territorium der DDR in die BRD auszuweisen. Dabei ließ sie sich vor allem von der Lage der Kinder leiten, die von ihren Eltern in eine Notsituation gebracht worden sind und die für deren gewissenloses Handeln nicht verantwortlich gemacht werden können...

ND vom 5. 10., S. 2

»Krasnaja Swesda«: Weht wieder der Wind des kalten Krieges vom Rhein?

ND vom 5. 10., S. 5

Mietwucher trieb Rentner in den Tod

ND vom 5. 10., S. 5

Bundespost gibt Marke für Revanchisten heraus

ND vom 5. 10., S. 5

In Dresden kam es am 5. Oktober erneut zu gewalttätigen Auseinandersetzungen zwischen Demonstranten und Sicherheitskräften. In Magdeburg erfolgte eine Demonstration mit 800 Teilnehmern; 250 wurden zugeführt.
neues forum 1/89

Anonyme Anrufe beim Ortsparteisekretär in Medingen, Kreis Dresden-Land, um 7.50 Uhr und 12.10 Uhr: »Ihr Mann ist der erste, der am Baum hängt«.

Anonymer Anruf in der VP-Wache in Coswig, Kreis Meißen, um 10.00 Uhr: »Ihr Arschlöcher, daß Ihr wißt, Eure Bude wird heute in die Luft gejagt«.

Anonymer Anruf im Centrum-Warenhaus Dresden um 10.30 Uhr: »Drei Sprengsätze gelegt, Termin 11.15 Uhr«.

Anonymer Anruf im VPKA Dresden um 12.11 Uhr: »Heute Abend Anschlag auf die Schießgasse, 17 Uhr«.

Mitglieder der Partei- und Staatsführung bei einer Kranzniederlegung in der Gedenkstätte der Sozialisten in Berlin-Friedrichsfelde

Zehn anonyme Anrufe im stündlichen Abstand im VEB BERO Kaffee Berlin vom 5. bis 6. 10.: Drohung, daß BERO in Flammen stehen wird.

Anonymer Anruf beim Ortsparteisekretär in Zinnowitz um 18.45 Uhr: »Die nächste Auszeichnung, die Du kriegst, kriegst Du von uns, aber mit einem Hanfstrick um den Hals«.

Anonymer Anruf im Bundesvorstand des FDGB um 21.00 Uhr: »Es geht eine Bombe hoch«.

Internes Schulungsmaterial des MfS

18 DDR-Bürger suchten vorübergehend in der US-Botschaft Zuflucht
Ausreiseanträge sollen »mit Wohlwollen« geprüft werden

Der Tagesspiegel vom 5. 10., S. 1

Justiz der BRD läßt neonazistische Umtriebe ungestraft

ND vom 5. 10., S. 5

Antifaschisten Nordrhein-Westfalens: Wahlerfolge der Neonazis alarmierend

ND vom 5. 10., S. 5

BRD: Prozeßserie gegen Friedensdemonstranten

ND vom 5. 10., S. 5

Wohnungen ehemaliger DDR-Bürger werden umgehend neu vergeben

ND vom 5. 10., S. 8

Der 27. Tag

Freitag, 6. Oktober

Gruß allen Bürgern zum 40. Jahrestag der DDR!

ND vom 6.10., S. 1

Kämpfer gegen den Faschismus, für Sozialismus und Frieden geehrt

Erich Honecker und weitere Mitglieder der Partei- und Staatsführung sowie Tausende von Werktätigen der Hauptstadt legten an Gedenkstätten Kränze und Blumengebinde nieder

ND vom 6.10., S. 1

Höchste Auszeichnungen zum Nationalfeiertag der DDR

Willi Stoph überreichte im Amtssitz des Staatsrates in Berlin Orden, Ehrentitel und Nationalpreise 1989

Beispielhafte Leistungen zur allseitigen Stärkung der Deutschen Demokratischen Republik und zur Sicherung des Friedens gewürdigt

ND vom 6.10., S. 2

Tagesbefehle zum 7. Oktober

Glückwünsche an die Angehörigen der Streitkräfte und der Deutschen Volkspolizei

Verteidigungsminister Heinz Keßler: Um von den friedensgefährdenden Aktivitäten des NATO-Blocks abzulenken, die Arbeiter-und-Bauern-Macht und deren Friedenspolitik in Mißkredit zu bringen, wird eine wüste Hetz- und Verleumdungskampagne gegen den Sozialismus in der DDR inszeniert. Doch was den Feinden des sozialistischen deutschen Staates trotz größter Anstrengungen in vier Jahrzehnten nicht gelungen ist, die konterrevolutionäre Beseitigung des Sozialismus, der Macht der Arbeiter und Bauern auf deutschem Boden, das wird auch künftig nicht gelingen. Dafür arbeiten und kämpfen wir.

Innenminister Friedrich Dickel: Die Lösung der neuen Aufgaben bei der weiteren Gestaltung der sozialistischen Gesellschaft, die Sicherung der im Kampf für die Erhaltung des Friedens erreichten Ergebnisse und die Zurückweisung der Aktivitäten jener Politiker im Westen, die nach wie vor auf der Position der nuklearen Abschreckung beharren und sich unverhohlener denn je in die inneren Angelegenheiten der sozialistischen Länder einmischen, erfordern von jedem Angehörigen bei der Gewährleistung einer hohen öffentlichen Ordnung und Sicherheit das Beste zu geben.

ND vom 6.10., S. 5

Erich Honecker dankt der Jugend der DDR für die Wettbewerbsleistungen zum 40. Jahrestag der DDR

Magnitogorsker Stahlwerker schreibt an Erich Honecker:
Beziehungen zweier Arbeiterstädte werden von Jahr zu Jahr fester
Erfolgswünsche für eine Politik, die auf Frieden und Völkerfreundschaft gerichtet ist

ND vom 6. 10., S. 6

In dieser Republik steckt von jedem von uns ein Stück seines Lebens
Mitglieder einer Wohnparteiorganisation in Eisenhüttenstadt an Erich Honecker

ND vom 6. 10., S. 6

Erich Honecker beantwortet Brief von Mitgliedern der BRD-Friedensbewegung

ND vom 6. 10., S. 6

Gruß des Internationalen Genossenschaftsbundes an Erich Honecker

ND vom 6. 10., S. 6

Bürgermeister der vom Gebirgsschlag betroffenen Orte an Erich Honecker: Zeit der Bewährung dank Fleiß und Engagement der Bürger bestanden

ND vom 6.10., S. 6

Aus Anlaß des 600jährigen Jubiläums der ersten urkundlichen Erwähnung von Thum, Kreis Zschopau, übermittelte der Generalsekretär des ZK der SED und Vorsitzende des Staatsrates der DDR, Erich Honecker, den Abgeordneten der Stadtverordnetenversammlung eine Grußadresse. Sie wurde am Donnerstag auf einer Sitzung der örtlichen Volksvertretung vom Mitglied des Staatsrates Dr. Peter Moreth überreicht.
ND vom 6.10., S. 6

Anonymer Brief an die »Ostsee-Zeitung« Rostock: »40. Jahrestag der DDR – Volkstheater. Am 6. Oktober, 16.00 Uhr, Anschläge gegen die Ostsee-Zeitung und die Kaufhalle Dierkow. Wir wollen Freiheit. Tod für Honecker. Es wird ernst!«

Drei anonyme Anrufe in der Kreisleitung der SED Aue 6.15 – 7.45 Uhr: »Knallen, es wird knallen. 20.00 Uhr im Kreiskulturhaus oder ein Auto eines Bonzen, die drin sind«.

Anonymer Anruf in der Kreisdienststelle der Staatssicherheit in Freiberg 11.57 Uhr: »Schreiben Sie auf: Wir beschießen morgen die Ehrentribüne in Berlin. Ende«.

Anonymer Anruf in der VP-Inspektion Prenzlauer-Berg um 14.27 Uhr: »Es könnte sein, daß im ›Gastmahl des Meeres‹ plötzlich eine Bombe explodiert, am 3. Tisch vorn rechts«.

Anonymer Anruf in der Bezirksverwaltung der Staatssicherheit Suhl um 20.50 Uhr: »Nachher werdet Ihr gestürzt, Ihr Dreckschweine«.

Anonymer Anruf im Präsidium der Deutschen Volkspolizei aus Westberlin um 21.32 Uhr: »Erich Honecker wird in einer Stunde erschossen«.
Internes Schulungsmaterial des MfS

Ostberlin schränkt Zugang für westliche Besucher ein Mindestens 270 Personen abgewiesen – Proteste der Bundesregierung, der Alliierten, des Senats

Der Tagesspiegel vom 6.10., S. 1

Auch Botschaftsflüchtlingen in Warschau Ausreise gestattet Mehr als 7000 DDR-Bürger in acht Zügen von Prag nach Hof gebracht Zusammenstöße zwischen Polizei und mehreren tausend Personen in Dresden

Der Tagesspiegel vom 6.10., S. 1

Fackelzug der FDJ in Berlin Unter den Linden am Vorabend des Republikgeburtstages

Der 28. Tag

Samstag, 7. Oktober

Es lebe der 40. Jahrestag
Erich Honecker und Michail Gorbatschow sprachen auf Festveranstaltung
Die Entwicklung der Deutschen Demokratischen Republik wird auch in Zukunft das Werk des ganzen Volkes sein

ND-Sonderausgabe vom 7.10., S. 1

Erich Honecker: Unsere Republik gehört heute zu den zehn leistungsfähigsten Industrienationen der Welt, zu den knapp zwei Dutzend Ländern mit dem höchsten Lebensstandard... Heute ist die DDR ein Vorposten des Friedens und des Sozialismus in Europa. Dies zu keiner Zeit zu verkennen, bewahrt uns, sollte aber auch unsere Feinde vor Fehleinschätzungen bewahren...

Gerade zu einer Zeit, da einflußreiche Kräfte der BRD die Chance wittern, die Ergebnisse des Zweiten Weltkrieges und der Nachkriegsentwicklung durch einen Coup zu beseitigen, bleibt ihnen nur erneut die Erfahrung, daß an diesen Realitäten nichts zu ändern ist, daß sich die DDR an der Westgrenze der sozialistischen Länder in Europa als Wellenbrecher gegen Neonazismus und Chauvinismus bewährt...
ND-Sonderausgabe vom 7.10., S. 1

In Dresden wurden ca. 30000 Demonstranten von den Sicherheitskräften brutal auseinandergetrieben. In Magdeburg wurden aus 500 Demonstranten etwa 80 herausgeholt und zugeführt. In Leipzig wurde eine Demonstration von 10000 Menschen gewaltsam aufgelöst.

In Plauen gingen 10000 auf die Straße und wurden auseinandergetrieben. In Karl-Marx-Stadt gingen Sicherheitskräfte brutal gegen 1000 Demonstranten vor. Eine Demonstration mit ca. 3000 Teilnehmern in Potsdam wurde ebenfalls zerschlagen. In Arnstadt lösten Sicherheitskräfte eine Kundgebung von 800 Menschen gewaltsam auf. In Berlin gingen Sicherheitskräfte brutal gegen mehrere Tausend Menschen vor.
neues forum 1/89

Vorlage zur Bildung einer Initiativgruppe mit dem Ziel, eine sozialdemokratische Partei ins Leben zu rufen, Niederndodeleben am 24.7. 1989: »... Die Zeit drängt. Und nicht nur, weil die Ungeduld wächst. Solange nichts Grundlegendes gegen die Widersprüche und Negativentwicklungen in unserem Lande getan wird, geht mehr und mehr Unwiederbringliches verloren...«

Aus dem Statut: Die Sozialdemokratische Partei in der DDR vereinigt Menschen verschiedener Grundüberzeugungen und Glaubenshaltungen, die den Traditionen von Demokratie, sozialer Gerechtigkeit sowie der Verantwortung für die Bewahrung der natürlichen Umwelt verpflichtet fühlen. Die SDP steht den Traditionen des demokratischen Sozialismus der europäischen Sozialisten und Sozialdemokraten nahe...
Beschluß vom 7.10.

Erklärung des NEUEN FORUM zum 40. Jahrestag der DDR – Aufruf an alle Mitglieder der SED: »... Wir protestieren gegen die Versuche der Regierung, uns

Erich Honecker empfängt den Generalsekretär der rumänischen KP und Präsidenten Rumäniens Nicolae Ceausescu zu einem freundschaftlichen Gespräch

als Sozialismusfeinde darzustellen. Das NEUE FORUM ist eine Stätte für Neues Denken. Das ist in der DDR ebensowenig sozialismusfeindlich wie in der Sowjetunion. Das NEUE FORUM mag eines Tages entbehrlich sein – jetzt ist es unentbehrlich. Allen Versuchen, den gesellschaftlichen Dialog durch Kriminalisierung, durch Ausgrenzung und Einschüchterung auszuweichen, wollen wir unsere demokratische Aktion entgegenstellen...
Berlin, den 7.10.

Sechs anonyme Anrufe im Laufe des Tages im Bezirk Dresden, davon drei Bombendrohungen gegenüber der Kreisleitung der SED in Zittau, eine Androhung von Zusammenrottungen auf dem Bahnhof in Meißen, eine Androhung von Gewaltakten in Freital gegenüber der Bezirksleitung der SED sowie eine Androhung von Gewaltakten gegenüber dem Rat des Bezirkes.
Internes Schulungsmaterial des MfS

Gorbatschow wirbt in Ost-Berlin für Reformen
Feiern zum Gründungstag der DDR – Honecker erteilt weitreichenden Veränderungen eine Absage

Der Tagesspiegel vom 7.10., S. 1

Erneut etwa 200 Ausreisewillige in Bonner Botschaft in Warschau
Zug mit 633 Flüchtlingen aus Polen erreichte gestern Hannover
Mission in Prag fast vollständig abgeriegelt

Der Tagesspiegel vom 7.10., S. 1

Protestdemonstration und Polizeieinsatz am 7. Oktober in Berlin

Der 29. Tag

Sonntag, 8. Oktober

Eine Demonstration mit Sitzstreik, an der sich etwa 5000 Dresdner beteiligen, wird friedlich beendet, als der Rat der Stadt eine Gesprächszusage gemacht hatte.

In Berlin wurden Tausende Demonstranten erneut brutal auseinandergetrieben und Hunderte zugeführt.

neues forum 1/89

Berlin, 1.00 Uhr Alexanderplatz: Der Westberliner Bürger Hans Kumm wurde zugeführt. Er hatte sich als Rädelsführer verschiedener Provokationen hervorgetan, so inszenierte er Sprechchöre gegen die Sicherheitsorgane und führte die Menge gegen Absperrketten der Polizei.

Internes Schulungsmaterial des MfS

Schwere Zusammenstöße gab es in der Dänenstraße, dort haben sich Anwohner spontan mit den Demonstranten solidarisiert. An der Stargarder Straße, Ecke Schönhauser Allee sollen 10 bis 200 Personen in einen U-Bahnhof gepfercht worden sein, der anschließend mit Gittern verrammelt wurde.

»Hundert, 6« am 8.10., 2.05 Uhr

Die Polizei setzte zur Auflösung von Gruppen, die sich nach der Hauptdemonstration abgespalten hatten, Hunde und Schlagstöcke ein. Mit Hilfe von Kampfgruppen und von Elitetruppen der Staatssicherheit riegelte die Polizei verdunkelte Nebenstraßen im Ostberliner Stadtbezirk Prenzlauer Berg ab.

Nachrichtenagentur Reuter am 8.10.

Einen Tag nach der größten Protestdemonstration in der DDR seit dem Aufstand des 17. Juni 1953 herrschte eine gespannte Ruhe im Stadtkern von Ostberlin. Überall patrouillierten Volkspolizisten. Zwischen dem Brandenburger Tor und dem Alexanderplatz waren Hunderte von Mitarbeitern der Staatssicherheit in Gruppen zu sehen. Wenn sich drei DDR-Bürger länger als eine Minute unterhielten, wurden sie sofort kontrolliert. In den Seitenstraßen waren Lastwagen mit einsatzbereiten Ordnungshütern postiert.

Nachrichtenagentur AP am 8.10.

Der 30. Tag

Montag, 9. Oktober

Erich Honecker und Michail Gorbatschow sprachen auf Festveranstaltungen

Die Entwicklung der Deutschen Demokratischen Republik wird auch in Zukunft das Werk des ganzen Volkes sein
72 Delegationen aus aller Welt begingen mit den Bürgern der DDR das Jubiläum des ersten sozialistischen deutschen Staates
Erich Honecker: Sozialismus und Frieden sind Schlüsselworte für das Vollbrachte und für das noch zu Leistende / Dank allen, die den Arbeiter-und-Bauern-Staat unter Führung der Partei der Arbeiterklasse aufgebaut haben / Die DDR ist heute ein Grundpfeiler der Stabilität und der Sicherheit in Europa
ND vom 9.10., S. 1

Nachdem die Nationalhymne verklungen war, eröffnete Professor Lothar Kolditz die feierliche Veranstaltung am Vorabend des Nationalfeiertages im Großen Saal des Palastes der Republik. Anschließend bat er Erich Honecker, das Wort zur Festansprache zu nehmen. Mit starkem, lang anhaltendem Beifall bekundeten die Teilnehmer der Veranstaltung ihre Zustimmung zu seiner bedeutsamen Rede. Prof. Kolditz dankte Erich Honecker im Namen aller Bürger unseres Landes: »Unser Dank gilt Ihnen, dem unbeugsamen, mutigen Kämpfer gegen Faschismus und Krieg, er gilt Ihrem unermüdlichen und schöpferischen Wirken an der Spitze der Partei- und Staatsführung der DDR, für den so erfolgreichen Kurs der Politik beim Aufbau des Sozialismus in der DDR, für das Wohl unseres Volkes, für den Frieden.« Erneuter Beifall begleitete diese Worte.
ND vom 9.10., S. 6

Störungen der Volksfeste verhindert

In den Abendstunden des 7. Oktober versuchten in Berlin Randalierer, die Volksfeste zum 40. Jahrestag der DDR zu stören. Im Zusammenspiel mit westlichen Medien rotteten sie sich am Alexanderplatz und Umgebung zusammen und riefen republikfeindliche Parolen. Der Besonnenheit der Schutz- und Sicherheitsorgane sowie der Teilnehmer an den Volksfesten ist es zu verdanken, daß beabsichtigte Provokationen nicht zur Entfaltung kamen. Die Rädelsführer wurden festgenommen.
ND vom 9.10., S. 9

BRD: Schutz für Parteitag von Neonazis
Polizei-Hundertschaften gingen mit Tränengas gegen Antifaschisten vor
1500 Bürger verurteilten Zusammenrottung »Nationalistischer Front«
Forderung nach antifaschistischen Reformen
Zahlreiche Verhaftungen / DDR-Journalisten behindert

ND vom 9.10., S. 13

Aggressives Programm der »Republikaner« angekündigt

ND vom 9.10., S. 13

Beschluß der Mitgliederversammlung der SED der Generaldirektion beim Komitee für Unterhaltungskunst vom 9. Oktober: »... Wir verstehen unter verantwortungsvoller Politik: die Wirklichkeit so zu sehen, wie sie ist, wie sie von Menschen erlebt wird, diese Wirklichkeit zu analysieren und entsprechend den Notwendigkeiten und den fortgeschrittensten Erkenntnissen zu verändern. Wir sind von der aktuellen kritischen Situation, von den vielfältigen Fragen und Problemen in unserer Gesellschaft betroffen: von dem Verlust eines Teiles unserer Jugend an die kapitalistische Welt, vom Verzicht eines Teiles unserer Mitstreiter auf Einmischung in unsere eigenen Angelegenheiten, von Tendenzen der Resignation und abwartender Haltung...

Komiteeinformation Nr. 6

In Dresden fand das erste Gespräch zwischen 20 Vertretern der Demonstranten und Mitgliedern des Stadtrates statt.

In Halle wurde ein Schweigesitzen, an dem sich 2000 Menschen beteiligten, von Sicherheitskräften gewaltsam beendet.

In Leipzig demonstrierten etwa 100000 Menschen friedlich. Das Gesprächsangebot der SED-Bezirksleitung wurde in den Kirchen und über den Rundfunk verlesen.

In Magdeburg gingen mehrere Tausend Menschen auf die Straße.

neues forum 1/89

Appell von Arbeitskreis Gerechtigkeit / Arbeitsgruppe Menschenrechte / Arbeitsgruppe Umweltschutz Leipzig: »Wir bitten alle – enthaltet Euch jeder Gewalt! Durchbrecht keine Polizeiketten, haltet Abstand zu Absperrungen! Greift keine Personen oder Fahrzeuge an! Entwendet keine Kleidungs- oder Ausrüstungsgegenstände der Einsatzkräfte! Werft keine Gegenstände und enthaltet Euch gewalttätiger Parolen! Seid solidarisch und unterbindet Provokationen! Greift zu friedlichen und phantasievollen Formen des Protestes! An die Einsatzkräfte appellieren wir: Enthaltet Euch der Gewalt! Reagiert auf Friedfertigkeit nicht mit Gewalt! Wir sind ein Volk! Gewalt unter uns hinterläßt ewig blutende Wunden!«

Flugblatt vom 9.10.

Zehntausende DDR-Bürger demonstrierten für innere Reformen und mehr Demokratie
Größte Protestkundgebung seit dem Aufstand von 1953
Hunderte von Verletzten und Festnahmen
Auch der sowjetische Staats- und Parteichef Gorbatschow fordert die Ostberliner Führung zum Umdenken auf

Süddeutsche Zeitung vom 9.10., S. 1

Der 31. Tag

Dienstag, 10. Oktober

Erich Honecker empfing den Leiter der Delegation der VR China
Yao Yilin übermittelte brüderliche Grüße der chinesischen Partei- und Staatsführung
Gesprächspartner stellten volle Übereinstimmung in den wichtigsten Lebensfragen der Menschheit wie bei der weiteren Entwicklung und Vervollkommnung des Sozialismus fest

ND vom 10.10., S. 1

Freundschaftliches Gespräch mit Generalsekretär der JSP
Erich Honecker und Ali Salem al-Beedh würdigten vertrauensvolle Beziehungen zwischen DDR und Volksdemokratischer Republik Jemen

ND vom 10.10., S. 1

Der Frieden hat heute unbedingte Priorität
»Hindustan Times« veröffentlichte Artikel Erich Honeckers

ND vom 10.10., S. 1

Neonazis und Revanchisten – »liebenswerte Außenseiter«?

Das ist eine qualitativ neue Stufe staatlich geförderter Eskalation / Offene Solidarisierung von Justiz und Polizei mit einer eindeutig als Nachfolgeorganisation der faschistischen SA auftretenden Truppe, verbunden mit nackter Gewalt gegen Antifaschisten...

All das zeigt, wie akut die von Neonazismus und Revanchismus in der BRD ausgehende Gefahr für Frieden und Sicherheit in Europa ist.
ND vom 10.10., S. 2

Aus Bezirkszeitungen der SED

»Volksstimme«, Magdeburg: Für Ruhe gesorgt –
Störungen der Volksfeste verhindert

Im Gegensatz zu den 400000 Bürgern, die sich in der Bezirksstadt und den Kreisen an den Volksfesten erfreuten, haben in den Abendstunden des 7. Oktober Jugendliche in Magdeburg die öffentliche Sicherheit und Ordnung gestört. Die Aufforderungen der eingesetzten Sicherheitskräfte, diese Ausschreitungen zu unterlassen, wurden nicht befolgt. Mit Unterstützung der Bevölkerung wurden umgehend Ruhe und Ordnung wiederhergestellt. In diesem Zusammenhang wurden von den Sicherheitskräften 93 Personen zugeführt und Ordnungsstrafen verhängt. In allen anderen Städten und Gemeinden des Bezirkes gab es keine Störungen der Festtage.

»Freie Presse«, Karl-Marx-Stadt: Gewissenlose Provokation

Durch Provokateure von langer Hand vorbereitet, kam es am 7. Oktober 1989 in der Bezirksstadt und in Plauen zu Ausschreitungen. Dank der entschlossenen und besonnenen Haltung gesellschaftlicher Kräfte waren die Provokationen zum Scheitern verurteilt... Vorläufig festgenommen wurden 26 Personen, die sich als Rädelsführer hervortaten und gegen die Ordnungsmaßnahmen Widerstand leisteten. Gegen sie wurden Ermittlungsverfahren eingeleitet.

»Sächsische Zeitung«, Dresden: Nur konstruktiv und im Dialog lassen sich Probleme lösen

Bürger des Bezirks verurteilen antisozialistische Ausschreitungen von Rowdys
In Dresden haben sich in den vergangenen Tagen größere Gruppen junger Menschen zu rowdyhaften, staatsfeindlichen und verfassungswidrigen Aktionen zusammengerottet. Sie verwüsteten den Hauptbahnhof und in der Innenstadt Einrichtungen und Anlagen, schrien antisozialistische Parolen und Beschimpfungen, die bis Mordhetze reichten. Damit gaben diese Gruppen zu verstehen, was sie unter »Freiheit« und »Erneuerung« verstehen... 150 Provokateure wurden durch die Sicherheitskräfte festgenommen.

Von Berichterstattern des ND notiert

Berlin, am 7. Oktober, Nationalfeiertag. Noch war es nicht 16.30 Uhr. Auf dem Alexanderplatz kam es zu Gerangel – um die besten Kamera-Standpunkte. Eine Provokation sollte inszeniert werden. Auf den Hochbeeten vor dem Einrichtungshaus wurden Objektive ausgerichtet. Sie galten nicht den vielen Volksfestgästen, wie sich zeigen sollte...

So wurde das vergangene Wochenende vorbereitet, planmäßig, eiskalt kalkuliert, nicht zuletzt von Leuten, die für »Einschaltquoten im Osten« bezahlt werden.
ND vom 10.10., S. 3

»Leipziger Volkszeitung«, Leipzig: Dem Bürgerwohl verpflichtet – Bürgerpflicht ernst nehmen

Während des Sonnabends störten Gruppen von zumeist jugendlichen Rowdys, organisiert aufgetreten und beeinflußt von westlichen Massenmedien, im Leipziger Zentrum die Markttage, beeinträchtigten zeitweise das normale Leben und den innerstädtischen Verkehr. Die Deutsche Volkspolizei verhinderte durch besonnene Handlungen größere Ausschreitungen und sicherte einen geordneten Ablauf der Markttage. Auffallend war, daß unter den Unruhestiftern, die von der Volkspolizei belehrt werden mußten, viele nicht aus Leipzig und aus unserem Bezirk waren.

»Märkische Volksstimme«, Potsdam: Störungen der Volksfeste verhindert

In den Nachmittagsstunden kam es in der Klement-Gottwald-Straße der Bezirksstadt zu Störungen der öffentlichen Ordnung, die von der Volkspolizei unterbunden wurden. Zur Feststellung der Personalien und Klärung der Umstände wurden Personen, die sich an der ungesetzlichen Zusammenrottung beteiligten, zugeführt. Die strafrechtlichen Konsequenzen werden geprüft. In Luckenwalde wurden zwölf Personen festgenommen, die im Umfeld einer Tanzveranstaltung randalierend und mit herabwürdigenden Äußerungen in Erscheinung getreten waren.

Besonnenes Handeln im Sinne der Bürger
Antisozialistischen Provokationen in Potsdam Abfuhr erteilt
»MV« sprach mit Oberstleutnant der VP Bernhard Adam, amtierender Leiter des Volkspolizeikreisamtes Potsdam:

... Unserer geduldig, aber bestimmt vorgetragenen Forderung, im Sinne unserer Gesetzlichkeit auseinanderzugehen, wurde nicht von allen Folge geleistet. Unsere Genossen haben deshalb diese gesetzwidrige Zusammenrottung aufgelöst, und zwar rechtzeitig.

MV: Was heißt das konkret?

Unsere Volkspolizisten haben die Gruppe auseinandergedrängt. 103 Personen, unter ihnen die Rädelsführer, setzten provokativen Widerstand entgegen. Sie wurden zugeführt. Dem besonnenen Handeln der Einsatzkräfte ist es zu danken, daß in kurzer Zeit die öffentliche Ordnung uneingeschränkt wiederhergestellt werden konnte.

MV: Die BRD-Medien machen ja aus solchen Vorkommnissen reinste Gruselstorys...

Überhaupt nichts Neues, das ist ja ihr Geschäft. Ich kann Ihnen versichern, hier in Potsdam hat es nicht die kleinste Schramme gegeben. Niemand wurde verletzt, weder ein Volkspolizist noch einer der Provokateure.

»Das Volk«, Erfurt: Arnstädter Werktätige wollen Ruhe auf den Straßen

Am 7. Oktober 1989 haben etwa 150 Personen versucht, das Volksfest der Werktätigen von Arnstadt durch demonstrativ-provokative Zusammenrottung zu stören. Durch das besonnene Handeln der Sicherheitskräfte konnten Ruhe und Ordnung wiederhergestellt werden. Gegen die Rädelsführer wurden Haftbefehle erlassen und Ermittlungsverfahren eingeleitet.
ND vom 10.10., S. 4

Wo der Revanchismus blüht
BRD-Kanzler weicht Stellungnahme zu Äußerungen Staatssekretär Hennings aus

ND vom 10.10., S. 5

»Republikaner« in München streben Amt des Oberbürgermeisters an

ND vom 10.10., S. 5

Vorsitzender des Verbandes der Europäischen Roma: Bonn setzt zynische und infame Politik der Vertreibung von Minderheiten fort
BRD-Polizei prügelte blinde 60jährige Frau in Gedenkstätte nieder

ND vom 10.10., S. 5

In der Innenstadt von Ilmenau erfolgte am 10. Oktober eine Demonstration auf Initiative des NEUEN FORUM. Es erfolgten gewaltsame Zuführungen. In Nordhausen wurde ebenfalls zum wiederholten Male demonstriert.
neues forum 1/89

Schnellgerichte urteilen Demonstranten ab
Gleichzeitig Anzeichen für Einlenken der Behörden

... Die FDJ-Zeitung Junge Welt druckte am Montag einen offenen Brief ab, in dem sich der Präsident des Schriftstellerverbandes der DDR, Hermann Kant, kritisch über Pressezensur und andere Freiheitsbeschränkungen äußerte.
Süddeutsche Zeitung vom 10.10., S. 1

Der 32. Tag

Mittwoch, 11. Oktober

Mitteilung der Presseabteilung des Ministeriums des Innern

Auf besorgte Anfragen von Bürgern zu den von westlicher Seite erhobenen Verleumdungen über den Einsatz der Volkspolizei in den letzten Tagen erhielt ADN von der Presseabteilung des MdI folgende Information:

In mehreren Städten der DDR war es zu Störungen der öffentlichen Ordnung und Sicherheit gekommen. Zur Auflösung ungesetzlicher Zusammenrottungen hatte die Volkspolizei wiederholt aufgerufen. Erst als alle Ermahnungen zur Gewaltlosigkeit und zur Zurückhaltung nicht fruchteten, war der Einsatz von Ordnungskräften zur Wiederherstellung von Ruhe und Ordnung unumgänglich. Wahr ist, daß Randalierer, aufgeputschte Störer und kriminelle Elemente staatsfeindliche Parolen riefen und die im Ordnungseinsatz befindlichen Volkspolizisten tätlich angriffen. Sie warfen mit Steinen, Flaschen und Brandsätzen, schlugen brutal und rücksichtslos mit Stahlstangen und anderen Schlaggegenständen auf die Ordnungskräfte ein. Und nicht zufällig trugen viele der Krakeeler Schutzhelme, was auf vorsätzliche und geplante Handlungen schließen läßt.

Tatsache ist, daß die Volkspolizei äußerst zurückhaltend und erst, nachdem sie angegriffen wurde, gegen die Unruhestifter unter Anwendung polizeilicher Hilfsmittel vorging und nicht, wie westliche Medien behaupten, blindlings und rücksichtslos auf unbeteiligte Bürger einschlug.

Wahr ist ebenfalls, daß 106 Volkspolizisten zum Teil erheblich verletzt wurden, 46 der Rowdys kamen zu Schaden. Angebliche Tote sind von den Westmedien frei erfunden.

Es ist nachgewiesen, daß westliche Korrespondenten die Volkspolizei nicht nur verleumden, sondern daß sie zu den Organisatoren und Aufwieglern gehörten. So viele »Zufälle«, immer gerade dann vor Ort zu sein, wenn sich Randalierer zusammenrotten, kann es gar nicht geben! Diese »Berichterstatter« gaben den Unruhestiftern Rückhalt und konkrete Anleitung zum Handeln – sie wurden sogar selbst zu Störern der gesetzlichen Ordnung. Wegen dieser massiven Einmischung mußten ihnen die Arbeitsmöglichkeiten eingeschränkt werden.

Was westliche Medien auch immer gegen die Deutsche Volkspolizei an Verleumdungen übelster Art vorbringen, wird diese nicht daran hindern, den Dienst zum Schutz der Bürger, für den sozialistischen Staat jederzeit standhaft zu erfüllen.

ND vom 11. 10., S. 2

Das Ministerium für Auswärtige Angelegenheiten der DDR hat Proteste der Chefredaktionen einiger BRD-Medien, darunter der ARD und des ZDF, wegen »Behinderungen« ihrer Korrespondenten in den letzten Tagen durch Organe der DDR entschieden zurückgewiesen.

ND vom 11. 10., S. 2

Gewalt gegen Sinti und Roma

Zynismus und Brutalität des Vorgehens der BRD-Polizei gegen die Sinti und Roma,

Horst Hano vom ARD-Fernsehen (mit Brille) mit seinem Kamerateam in Aktion

diese Woche noch einmal Gegenstand einer Pressekonferenz in Bonn, sind so recht nach dem Geschmack der Neonazis...
ND vom 11. 10., S. 2

In der BRD fehlen gegenwärtig 500000 Kindergartenplätze Presseberichte sprechen von Zuspitzung der Situation

ND vom 11. 10., S. 5

Erklärung im Präsidium des Komitees für Unterhaltungskunst am 11. Oktober:

... Wir bemerken, daß der Widerspruch zwischen dem Bild der DDR in den nationalen Medien und den sozialen und individuellen Erfahrungen des Publikums immer eklatanter wird. Die wirklichen Errungenschaften und Leistungen des Sozialismus geraten in Gefahr, wenn sie beständig und einseitig überbetont werden, wenn die Medien ein Bild des Arbeitseifers, des Aufstiegs, der Eintracht und Zufriedenheit zeichnen, obwohl der Alltag der DDR-Bevölkerung nachweislich anstrengender und schwieriger geworden ist und die Zahl der ungelösten Probleme und persönlichen Sorgen zunimmt. Der Weggang von Arbeitskollegen und unersetzbaren Fachleuten tut gerade gegenwärtig ein übriges, wozu noch der Eindruck kommt, daß Gesellschaft und Staat diesem Phänomen irgendwie hilflos gegenüberstehen...
Komiteeinformationen Nr. 6

Als Folge der Demonstrationen: SED-Funktionäre in Ostberlin, Dresden und Leipzig bekunden Bereitschaft zum Gespräch mit Bürgern.

Süddeutsche Zeitung vom 11. 10., S. 1

Der 33. Tag

Donnerstag, 12. Oktober

Erklärung des Politbüros des ZK der SED

Unmittelbar nach dem 40. Jahrestag der DDR wenden wir uns an die Arbeiterklasse, an die Genossenschaftsbauern, an die Wissenschaftler, Künstler und alle Geistesschaffenden, an die Jugend, an die Angehörigen der Schutz- und Sicherheitsorgane, an alle Bürger der DDR. Das Politbüro des ZK der SED dankt allen, die den Sozialismus auf deutschem Boden geschaffen haben und den 40. Jahrestag der DDR durch gute Leistungen und Taten vorbereiteten...

Viele von denen, die unserer Republik in den letzten Monaten den Rücken gekehrt haben, wurden Opfer einer großangelegten Provokation. Wiederum bestätigt sich, daß der Imperialismus der BRD mit einem sozialistischen Staat auf deutschem Boden sich niemals abfinden wird, Verträge bricht und das Völkerrecht mißachtet...

Deshalb ist es ein Gebot der Stunde, daß sich alle, deren Handeln von politischer Vernunft und humanistischem Verantwortungsbewußtsein gegenüber den Menschen unseres Landes bestimmt ist, deutlich abgrenzen von jenen, die die Bürger für konterrevolutionäre Attacken zu mißbrauchen trachten...

Das Politbüro weiß sich mit der großen Mehrheit unseres Volkes in seinem Handeln einig...

ND vom 12.10., S. 1

Hinter dem Rauchvorhang: Die Hochrüster am Werk

ND vom 12.10., S. 2

250000 vor dem Capitol
Die Zahl ist erschütternd: Mehr als eine Milliarde Menschen in der Welt leben ohne Obdach, Hunderttausende vegetieren in Slums...

ND vom 12.10., S. 2

Kinder als Ware gehandelt

ND vom 12.10., S. 2

Ehemaliger CDU-Stadtrat jetzt bei »Republikanern«

ND vom 12.10., S. 5

Sozialdemokraten: Auseinandersetzung mit dem Faschismus blieb in der BRD aus

ND vom 12.10., S. 5

Stellungnahme des NEUEN FORUM:

»Das NEUE FORUM begrüßt die Verlautbarungen des Politbüros des ZK der SED als ein erstes Zeichen, sich mit den angestauten und tiefgreifenden Problemen der Gesellschaft auseinanderzusetzen... Echter Dialog bedeutet: Zulassung des NEUEN FORUM und aller anderen Basisgruppen, Parteien und Bürgerinitiativen, die sich für eine Demokratisierung der Gesellschaft einsetzen, Zugang zu den Massenmedien, Pressefreiheit und Abschaffung der Zensur, Versammlungs- und Demonstrationsfreiheit.

Dieser echte gesellschaftliche Dialog hat auf allen Ebenen gewaltfrei zu erfolgen, bei Anerkennung der Eigenstaatlichkeit der DDR, bei strikter Abweisung aller rechtsradikaler und faschistischer Haltungen, auf dem Boden der Verfassung«.
Flugblatt

Als erstes Mitglied des Politbüros SED-Chefideologe Hager spricht sich für »erforderliche Erneuerung in der DDR« aus

Anders als in Ostberlin, Leipzig, Dresden und Magdeburg, wo sich Polizei und Staatssicherheitsdienst gegenüber Demonstranten und Bürgerrechtsversammlungen nun zurückhalten, ist in Halle eine Menschenmenge von fast 4000 von Sicherheitskräften auseinandergetrieben worden.
Süddeutsche Zeitung vom 12.10., S. 1

Honecker sagt Besuch in Dänemark für 25./26. Oktober ab

Süddeutsche Zeitung vom 12.10., S. 1

Verabschiedung von DDR-Polizisten vor ihrem UNO-Beobachtereinsatz in Namibia

Der 34. Tag

Freitag, 13. Oktober

Sozialismus in der DDR wird weiter erstarken

Kurt Hager gegenüber dem DDR-Fernsehen in Moskau: ... Es werde ein Parteitag, der auf einer großen Aussprache über die gesellschaftlichen Probleme beruhen wird. Es würden alle Möglichkeiten bestehen, daß sich die befreundeten Parteien, die gesellschaftlichen Organisationen, die in der Nationalen Front vereinten Kräfte und die Bürger aus allen Schichten zu den Vorschlägen der SED äußern können. Die Arbeiter, die Genossenschaftsbauern, die Intelligenz, alle seien in der Erklärung des Politbüros zur Diskussion aufgerufen. »Und dazu werden wir die entsprechenden Vorschläge unterbreiten. Ich glaube, es gibt dafür auch gar keinen anderen Weg«. ...
ND vom 13.10., S. 1

Revanchistenverbände der BRD bekräftigen Gebietsforderungen
»Deutschlandpolitisches Konzept« verlangt Grenzen von 1937 plus Sudetenland, Danzig und Memel
Bisher weitestgehende Infragestellung der Ergebnisse des 2. Weltkrieges

ND vom 13.10., S. 1

Wörner gegen Status quo – NATO auf gefährlichem Kurs

ND vom 13.10., S. 2

DGB-Institut: Soziale Nöte verlangen grundlegende Reformen

ND vom 13.10., S. 5

Trotz Rassenhetze auf freiem Fuß

ND vom 13.10., S. 5

Außenministerium Polens zu illegalen Grenzübertritten von DDR-Bürgern:

... Regierungssprecherin Malgorzata Niezabitowska dementierte inzwischen im polnischen Fernsehen eine ihr in der »Solidarinosc«-Zeitung »Gazeta Wyborcza« zugeschriebene Äußerung, wonach die Grenzeinheiten am Dienstag Kontrollen von DDR-Bürgern und damit auch ihre Ausweisung vom Territorium Polens eingestellt hätten.
ND vom 13.10., S. 5

Künstler der DDR rufen nach einer neuen Medienpolitik

Süddeutsche Zeitung vom 13.10., S. 1

Der 35. Tag

Samstag, 14. Oktober

Erich Honecker empfängt die Vorsitzenden der Blockparteien (v. l. n. r.) Manfred Gerlach (LDPD), Gerald Götting (CDU), Günther Maleuda (DBD), Heinrich Homann (NDPD) und Lothar Kolditz (Nationalrat)

Beratung Erich Honeckers mit den Vorsitzenden der befreundeten Parteien und dem Präsidenten des Nationalrates der Nationalen Front
Im festen Bündnis lösen wir die Aufgaben mit dem Volk und für das Volk
Engagierte Mitverantwortung für Sozialismus und Frieden
Alle Bürger sind aufgerufen, vor dem XII. Parteitag der SED ihre Vorschläge und Initiativen für die gemeinsame Sache einzubringen

ND vom 14.10., S. 1

Wie ADN von der Pressestelle des Generalstaatsanwalts der DDR erfahren hat, sind nach Durchführung der erforderlichen Untersuchungen die wegen Störung der Volksfeste am 7. Oktober sowie im Zusammenhang mit gesetzwidrigen Ansammlungen festgenommenen Personen aus der Haft entlassen worden. Es befinden sich noch 11 Personen wegen der Begehung von Brandstiftungen, Plünderungen und Gewalttätigkeiten sowie Aufwiegelung zu Gewaltakten in Untersuchungshaft. Die überwiegend vorbestraften Personen haben sich vor den zuständigen Gerichten zu verantworten.

ND vom 14.10., S. 2

Bürger der DDR zur Erklärung des Politbüros des ZK der SED:

»Die Erklärung stärkt mein Vertrauen in die Partei der Arbeiterklasse und ihre Politik...«

»Jetzt erwarten wir konkrete Hinweise, wie wir die Parteitagsdiskussion führen und welche Probleme gelöst werden...«

»Ich stimme dem Inhalt des Dokuments voll zu und bin froh darüber...«

»Mit der Erklärung bin ich voll einverstanden...«

»Ich begrüße, daß sich das Politbüro in der angespannten politischen Situation in einer Erklärung äußerte...«

»Wichtig ist vor allem, daß wir an der Macht nicht rütteln lassen...«

»Die Erklärung gibt uns Zuversicht und Tatkraft für die neuen großen Aufgaben...«

»Die Erklärung entspricht meinen politischen Erwartungen...«

»Ich stimme Erich Honecker vollinhaltlich zu...«

»Mit Freude und Genugtuung haben wir die Erklärung zur Kenntnis genommen...«

»Ich begrüße den offenen Dialog...«

ND vom 14.10., S. 2

Nachrichtenagentur CTK:
Kanzler der BRD leistet Revanchismus Vorschub
Grobe Einmischung in die inneren Angelegenheiten der CSSR

ND vom 14.10., S. 5

»Trybuna Ludu«:
Landsmannschaften verletzten Souveränitätsrechte Polens

ND vom 14.10., S. 5

Harry Tisch, Vorsitzender des Bundesvorstandes des FDGB:

Das Fundament, auf dem wir stehen, ist das Fundament eines guten Hauses der Arbeiter-und-Bauern-Macht. Daran dürfen wir niemanden rütteln lassen. Denn wir wissen sehr wohl: Trägt das Fundament nicht, gerät das Haus ins Wanken. Wir Gewerkschafter aber wollen es auch in den 90er Jahren mit der Kraft und dem Engagement aller stabiler ausbauen und verschönern. Ich denke, darin sind wir uns – wie Eure zahlreichen Zuschriften zeigen – einig.

ND vom 14.10., S. 14

Zum ersten Mal hat sich DDR-Staats- und Parteichef Honecker zu den Problemen in seinem Land öffentlich zu Wort gemeldet.

Nach einem Treffen mit den Vorsitzenden der anderen DDR-Parteien berichtete die Agentur ADN ausführlich über die Haltung Honeckers, die sich fast wortgetreu an der vor zwei Tagen veröffentlichten Erklärung des SED-Politbüros orientiert.

Der Tagesspiegel vom 14.10., S. 1

Der 36. Tag

Sonntag, 15. Oktober

In Waren fand erstmals eine Versammlung des NEUEN FORUM statt.

neues forum 1/89

Ausreise der DDR-Flüchtlinge in Warschau erfolgt in Etappen. Mehr als 500 DDR-Bürger gelangten über Ungarn in den Westen

Der Tagesspiegel vom 15. 10., S. 1

Kein Zweifel, in der DDR ist mehr in Bewegung geraten, als die sehr wortreiche, aber inhaltlich magere Erklärung des SED-Politbüros vom vergangenen Mittwoch erwarten ließ...

Nach übereinstimmenden Schätzungen haben inzwischen 1,8 Millionen DDR-Bürger begründete Ausreiseanträge gestellt... Dennoch wird unverdrossen weiter getrickst und gelogen, weil eine echte Diskussion mit den Ausreisewilligen sehr wohl das Machtmonopol der SED in Frage stellen würde...

Wenn so etwas wie Hoffnung bei den DDR-Bürgern einziehen soll, wird sich im SED-Politbüro sehr bald das Personenkarussell drehen müssen.

Der Tagesspiegel vom 15. 10., S. 1

Harry Tisch (2. v. l.) im Dialog mit Werftarbeitern in Boizenburg, Bezirk Magdeburg

Der 37. Tag

Montag, 16. Oktober

Gespräche mit Werktätigen in Magdeburg und Berzdorf
Unser Land braucht die Ideen und Taten eines jeden Bürgers
Werner Eberlein diskutierte mit Arbeitern des Thälmann-Kombinates
Minister Wolfgang Mitzinger bei Kohlekumpeln in der Oberlausitz

ND vom 16.10., S. 1

Evangelischer Würdenträger der BRD:
»Ellenbogengesellschaft« läßt Arme noch ärmer werden

ND vom 16.10., S. 1

CDU-Erlaß verlangt: »Von der Maas bis an die Memel«
Auch ins neue »Liederbuch für Bundeswehr« aufgenommen

ND vom 16.10., S. 1

Wie der Revanchismus in der BRD hochgekocht wird

ND vom 16.10., S. 2

Verarmung vorprogrammiert

ND vom 16.10., S. 2

Am 13. und 14. Oktober weilte der Stellvertreter des Ministers für Auswärtige Angelegenheiten der DDR Harry Ott in Warschau. Er führte Konsultationen mit dem Staatssekretär im Ministerium für Auswärtige Angelegenheiten der VR Polen Boleslaw Kulski und wurde von Außenminister Krzystof Skubiszewski empfangen. Während des Gespräches machte sich die polnische Seite – wie die polnische Nachrichtenagentur PAP berichtete – unter anderem mit den Vorschlägen der DDR bezüglich einer humanitären Lösung des Problems der in Warschau weilenden DDR-Bürger bekannt, die in die BRD ausreisen wollen. Mit Befriedigung nahm die polnische Seite die Entscheidung der DDR auf, wonach die daran interessierten DDR-Bürger in kürzestmöglicher Frist in der DDR-Botschaft in Warschau entsprechende Dokumente erhalten können, die zur Ausreise in ein beliebiges Drittland berechtigen.
ND vom 16.10., S. 2

Antifaschistischer Protest gegen Aufmarsch der Neonazis
Polizeikommandos schützen Parteitag der »Republikaner«

ND vom 16.10., S. 5

Erklärung der Sektion Rock beim Komitee für Unterhaltungskunst am 16. Oktober:

... Wir erwarten, daß alle Geldstrafen, Vertragskündigungen, verleumderischen Nachreden oder sonstigen Repressalien gegen unsere Kollegen wegen ihres Umgangs mit der Resolution vom 18. September eingestellt bzw. rückgängig gemacht werden. Wir fordern, daß alle offiziellen und inoffiziellen Auftrittsverbote, die in diesem Zusammenhang in den Bezirken und Kreisen ausgesprochen wurden, aufgehoben werden... Wir appellieren an alle Beteiligten zukünftiger Demonstrationen, egal auf welcher Seite, zivilisiert und grundsätzlich gewaltfrei miteinander umzugehen...«
Komiteeinformation Nr. 6

Botschaft der »Freien Initiative« Leipzig:

»... Wir sehen die Gefahr, daß zur kurzfristigen Lösung fundamentaler Fragen auf Strukturen des Kapitalismus zurückgegriffen wird. Wir hoffen aber, daß der Sozialismus möglich wird – als Freiraum für ein selbstbestimmtes Leben, – als demokratischer Handlungsraum für mündige Bürger, – als ökologisch verträgliche Assoziation zwischen Produzenten und Konsumenten. Wir lehnen die Obrigkeit der marktwirtschaftlichen Diktatur ab...«
Flugblatt vom 16.10.

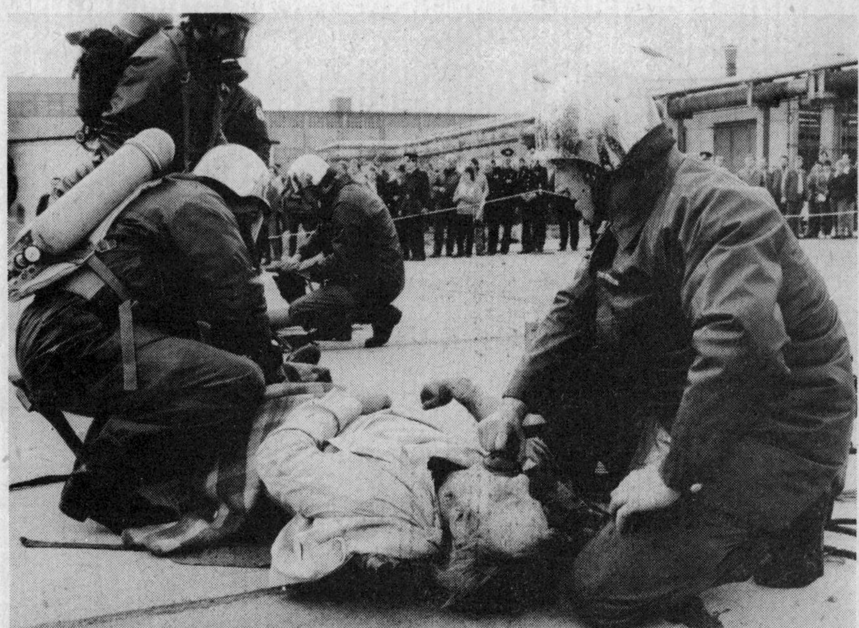

Feuerwehrübung in Berlin anläßlich der Woche der Winterbereitschaft und des Brandschutzes

Der 38. Tag

Dienstag, 17. Oktober

Zur Erklärung des Politbüros des ZK der SED
Gespräche mit Arbeitern, Bauern und Ingenieuren
Günter Schabowski bei Parteiaktivisten im Berliner Werk für Fernsehelektronik
Gerhard Müller im VEB Umformtechnik Erfurt

ND vom 17.10., S. 1

»Technische Tage« Österreichs in der DDR eröffnet
Günter Mittag empfing Wirtschaftsminister Dr. Wolfgang Schüssel

ND vom 17.10., S. 1

»Republikaner« kandidieren auch in Hessen
Koalition mit der CDU erwogen

ND vom 17.10., S. 1

Weitere Kurseinbrüche an westlichen Aktienmärkten
Börse in Frankfurt (Main): Größter Sturz in der Geschichte

ND vom 17.10., S. 1

Günter Mittag (links) im Gespräch mit einer österreichischen Wirtschaftsdelegation

... Überall im Lande ist die Diskussion im Gange. Ihr Inhalt sind Probleme der weiteren Entwicklung des Sozialismus in der DDR, die wir selbst – ohne unerbetene Ratschläge aus dem Westen – lösen wollen und lösen werden. Wir tun es im sachlichen Dialog und vertrauensvollen politischen Miteinander, in einer Atmosphäre der Offenheit, Ehrlichkeit und der realistischen Einschätzung der Kräfte und Möglichkeiten...

ND vom 17.10., S. 2

»Für Waffenhändler steht der künftige EG-Binnenmarkt weit offen«, überschrieb die »Frankfurter Rundschau« einen Bericht aus Brüssel. Der 1992 entstehende Gemeinsame Markt, so hieß es darin, werde »offenbar zu einem Dorado für internationale Waffen- und Raketengeschäfte«...

Nicht zuletzt illustriert das, was die Profiteure des Rüstungsbusiness von Abrüstung halten, über die gegenwärtig in Wien, Genf und anderenorts verhandelt wird. Nämlich nichts.

ND vom 17.10., S. 2

Immer weniger Kinder von Arbeitern an den Hochschulen in der BRD
Nur noch acht Prozent von ihnen können das Geld für ein Studium aufbringen

ND vom 17.10., S. 5

DGB Berlin (West): Boden für wachsenden Neonazismus beseitigen

ND vom 17.10., S. 5

Verschiedene Verunglimpfungen des NEUEN FORUM in der Presse veranlassen uns zu folgender Stellungnahme: Wir sind eine Bürgerinitiative, die den Sozialismus befürwortet, doch mit mehreren derzeit bestehenden Zuständen und Geschehnissen nicht einverstanden ist. Wir verstehen uns als Gesprächsplattform für alle Bürger, unabhängig von ihrer Weltanschauung und Zugehörigkeit zu Massenorganisationen und Parteien, und sehen darin unsere gesellschaftliche Notwendigkeit. Wir distanzieren uns von der Anwendung von Gewalt und treten offen gegen Wiedervereinigungsbestrebungen und neofaschistisches Gedankengut auf...«

Brief an die »Berliner Zeitung«, »BZA« (beide SED), »Der Morgen« (LDPD), »Neues Deutschland« (SED), »Neue Zeit« (CDU), »Union« (CDU), »Junge Welt« (FDJ). Er wurde nirgends veröffentlicht.

Über 100000 demonstrierten in Leipzig für Reformen
Sicherheitskräfte hielten sich zurück

Der Tagesspiegel vom 17.10., S. 1

Der 39. Tag

Mittwoch, 18. Oktober

Gewerkschafter im Chemiefaserwerk Schwarza: Mit der Wahrheit leben und Lösungswege für angestaute Fragen suchen Harald Bühl in Diskussionsrunde mit Vertrauensleuten des FDGB

ND vom 18.10., S. 1

BRD-Mietanstieg weiter zweistellig Höchstpreise in München

ND vom 18.10., S. 1

Sitzung des Präsidiums des DBD-Parteivorstandes: Wir wollen eigenständige Beiträge im sozialistischen Parteienbündnis leisten

ND vom 18.10., S. 2

Politischer Ausschuß des LDPD-Zentralvorstandes tagte: Auf sozialistischer Grundlage tiefgreifende Veränderungen einleiten

ND vom 18.10., S. 2

Sozialismus in der DDR steht nicht zur Disposition

ND vom 18.10., S. 2

Generalstaatsanwalt Günter Wendland im Fernsehen der DDR:

Herr Generalstaatsanwalt, es gibt gewisse Unruhe im Land über das Vorgehen der Polizei gegen vermeintliche oder tatsächliche Demonstranten. Sowohl in der Gethsemanekirche, in der Erlöserkirche, als auch andernorts wurden Augenzeugenberichte verlesen, die davon sprechen, daß solche Personen von der Polizei mißhandelt wurden. Was wissen Sie davon, und werden Sie diesen Berichten nachgehen?

Mir ist das bekannt. Ich habe darauf eigentlich eine einfache und klare Antwort: Anzeigen, die Bürger erstatten, werden überprüft, überprüft nach dem Maß der Gesetze, wie sich das gehört... Lassen Sie mich hinzufügen, wir dulden natürlich auch keine Verleumdungen, weder eines Bürgers noch eines Staatsorgans. Auch das ist ein Anliegen der Gesetzlichkeit...
ND vom 18.10., S. 2

DGB-Vorsitzender von Berlin (West): Dramatischer Anstieg der Zahl der Wohnungsuchenden Mietwucher und Spekulation sind Tür und Tor geöffnet

ND vom 18.10., S. 5

Studentenprotest gegen Wohnungsnot in BRD

ND vom 18.10., S. 5

In Berlin (West) häufen sich Neonazi-Überfälle

ND vom 18.10., S. 5

Aktion gegen Einzug der »Republikaner« in Kölner Rathaus

ND vom 18.10., S. 5

In Greifswald demonstrierten 1000 Menschen am 18. Oktober. In Neubrandenburg beteiligten sich 10000 an einem Marsch. In Frankfurt fand eine Podiumsdiskussion statt, an der sich Vertreter der SED, der LDPD, der CDU und des Neuen Forum beteiligten. Zu einer Versammlung des NEUEN FORUM in Suhl kamen 1300 Menschen.
neues forum 1/89

Während in Warschau weitere 1500 DDR-Bürger auf ihre Ausweise warten, kamen wieder rund 1800 Flüchtlinge über Ungarn und Österreich in der Bundesrepublik an. Ein Sprecher des Grenzschutzes nannte diese Zahl einen »neuen Spitzenwert an einem Wochentag«.
Der Tagesspiegel vom 18.10., S. 1

Günter Schabowski auf der Berliner Parteiaktivtagung

Der 40. Tag

Donnerstag, 19. Oktober

Am 18. Oktober trat das Zentralkomitee zu seiner 9. Tagung zusammen.

Zu Beginn ergriff Genosse Erich Honecker das Wort und bat, ihn aus gesundheitlichen Gründen von seinen Funktionen zu entbinden. Das Zentralkomitee entsprach seiner Bitte und dem Vorschlag, Genossen Erich Honecker von der Funktion des Generalsekretärs des ZK, als Mitglied des Politbüros des ZK, vom Amt des Vorsitzenden des Staatsrates und von der Funktion des Vorsitzenden des Nationalen Verteidigungsrates der DDR zu entbinden. Es würdigte sein langjähriges Wirken für die Partei und die Deutsche Demokratische Republik und sprach ihm für sein politisches Lebenswerk den herzlichen Dank aus, verbunden mit den besten Wünschen.

Auf Vorschlag des Politbüros wählte das Zentralkomitee Genossen Egon Krenz, Mitglied des Politbüros und Sekretär des ZK, einmütig zum Generalsekretär des Zentralkomitees der SED.

Entsprechend dem Vorschlag des Genossen Erich Honecker unterbreitet das ZK der Volkskammer der DDR den Vorschlag, Genossen Egon Krenz zum Vorsitzenden des Staatsrates der DDR und zum Vorsitzenden des Nationalen Verteidigungsrates der DDR zu wählen.

Die Genossen Joachim Herrmann und Günter Mittag wurden von ihren Funktionen als Mitglied des Politbüros und Sekretär des ZK der SED entbunden.

Das ZK schlägt der Volkskammer der DDR vor, Genossen Günter Mittag aus der Funktion des Stellvertreters des Vorsitzenden des Staatsrates der DDR abzuberufen.

Genosse Krenz sprach zur aktuellen politischen Lage und zu den Aufgaben der Partei.

An der Diskussion beteiligten sich acht Genossen.

Das Referat wurde einstimmig bestätigt.

Das ZK beauftragte den Generalsekretär, Genossen Egon Krenz, sich mit dieser Rede über das Fernsehen und den Rundfunk an die Bürger der DDR zu wenden.

ND vom 19.10., S. 1

Egon Krenz:

Es ist mir in diesem Augenblick ein Bedürfnis, Genossen Erich Honecker herzlich zu danken für seine Arbeit, die er in den vergangenen Jahrzehnten an der Spitze unserer Partei geleistet hat. Der Dank der Mitglieder des Politbüros, des Zentralkomitees, unserer gesamten Partei wird die bleibende Hochachtung sein vor dem unbeugsamen Widerstandskämpfer und aufrechten Antifaschisten, vor dem international geachteten Staatsmann und Friedensförderer, vor dem Politiker und Kampfgefährten. Wir wünschen Dir, lieber Genosse Erich, vor allem Gesundheit. Wir sind überzeugt, daß unsere Partei auch künftig auf Dich bauen kann.

ND vom 19.10., S. 1

Egon Krenz:

Unsere Macht ist die Macht der Arbeiterklasse und des ganzen Volkes unter Führung unserer Partei. Wir haben sie erstritten nicht um unser selbst willen, sondern für das Wohl des Volkes.

ND vom 19.10., S. 2

Egon Krenz, neuer Generalsekretär des ZK der SED, auf einem Treffen mit den Vorsitzenden der Blockparteien und Massenorganisationen

Zusatzerklärung der Sektion Lied und Kleinkunst des Komitees für Unterhaltungskunst vom 19. Oktober zur Rockerresolution vom 18. 9.:

»Wir sind in Sorge, daß eine wirkliche politische Wende nicht möglich wird mit Politikern und Funktionären, die maßgeblich für die jetzige Situation verantwortlich sind. Wir verlangen, daß die politisch Verantwortlichen für die Ausschreitungen ermittelt, öffentlich bekannt gemacht und zur Verantwortung gezogen werden. Wir fordern in diesem Zusammenhang von den Abgeordneten der Volkskammer, daß sie auf der nächsten Tagung dem Minister für Staatssicherheit, dem Polizeipräsidenten und dem Minister des Innern die Vertrauensfrage stellen und prüfen, ob Egon Krenz, obwohl er in dieserZeit im ZK der SED für Sicherheitsfragen verantwortlich war und bei den vergangenen Wahlen als Vorsitzender der Zentralen Wahlkommission fungierte, als Vorsitzender des Staatsrates gewählt werden kann...«
Komiteeinformation Nr. 6

In Zeulenroda demonstrierten 3000, in Erfurt erfolgte ein Schweigemarsch mit 300 Teilnehmern. In Rostock gingen 10000 auf die Straßen. In der Nacht zum 20. Oktober wurden mehrere Vertreter des NEUEN FORUM in Halle für mehrere Stunden zugeführt. Ihnen wurde die Kontaktaufnahme mit Vertretern des NEUEN FORUM aus Leipzig untersagt.
neues forum 1/89

Der 41. Tag

Freitag, 20. Oktober

Einen Tag nach dem 9. Plenum mit dem Generalsekretär des ZK in der Frühschicht im VEB »7. Oktober« Berlin
Beratung mit Arbeitern: Damit viel für unsere Republik herauskommt
Egon Krenz und Günter Schabowski bei Werkzeugmaschinenbauern
Offene Debatte über alle Probleme, die die 9. Tagung des ZK benannte
Erkenntnis beim Gespräch in der Werkhalle: Nachdenken müssen wir alle, verändern und gemeinsam arbeiten

ND vom 20.10., S. 1

Dialog im ganzen Land
Treffen weiterer Mitglieder der Parteiführung mit Arbeitern und Genossenschaftsbauern
Hans-Joachim Böhme sprach mit Bürgern in Lützen
Werner Eberlein im Plattenwerk Rothensee
Werner Krolikowski in der LPG Rhinow
Gerhard Müller bei Bauleuten im WBK Erfurt
Werner Walde im Gespräch mit Boxberger Kraftwerkern

ND vom 20.10., S. 1

SED-Politbüromitglied Werner Krolikowski (links) prüft die Weißkohlqualität in der LPG Rhinow, Bezirk Potsdam

Treffen von Egon Krenz und Landesbischof Werner Leich im Jagdschloß Hubertusstock

Die sogenannten seriösen Zeitungen in trauter Gemeinschaft mit bunten Käseblättern – sie mieden gestern eine auch nur halbwegs exakte Wiedergabe dessen, was wirklich gesagt wurde. Groß taten sie sich lediglich als Biographen. Immerhin kam dabei heraus, warum das ganze westliche Medienecho ein solches Menü aus Wassersuppe und Gräten ist. Dieser Krenz gefällt ihnen nicht...
ND vom 20.10., S. 2

Ausbau der ökonomischen Kontakte DDR-BRD beraten Möglichkeiten betrieblicher Kooperation erschließen

ND vom 20.10., S. 5

DDR-Politiker sprach mit Außenminister der BRD

ND vom 20.10., S. 5

Düsseldorf: Antifaschisten fordern Verbot von Neonazis

ND vom 20.10., S. 5

Alfred Mechtersheimer: BRD-Militäretat steigt wie im kalten Krieg

ND vom 20.10., S. 5

In Gotha demonstrierten 6000 Menschen

neues forum 1/89

Der 42. Tag

Samstag, 21. Oktober

Arbeitskollektive und Mitglieder der Partei- und Staatsführung im freimütigen Dialog
Offene Debatte um aktuelle Fragen unserer Gesellschaft
Vorschläge und Standpunkte zur Entwicklung des Sozialismus

ND vom 21. 10., S. 1

Sprecher des Außenministeriums zu Ausreise-Regelung in Warschau:

Genehmigung für ständige Ausreisen von DDR-Bürgern aus der Botschaft der BRD in Polen aus humanitären Gesichtspunkten / Mit VRP abgestimmte Regelung nur zeitweilig / Allen, die zurück wollen, steht der Weg offen

ND vom 21. 10., S. 1

Erneuter Anschlag auf die DDR-Staatsgrenze
Steinwürfe auf Grenzsoldaten am Brandenburger Tor

ND vom 21. 10., S. 1

Justiz der BRD spricht Menschenunrecht: Obdachlose bleiben auf der Straße

ND vom 21. 10., S. 1

Volkskammerausschuß prüfte mit Werner Krolikowski: Wo genossenschaftliche Demokratie gefördert und wo sie gehemmt wird

ND vom 21. 10., S. 2

»Sputnik« kommt wieder in den Zeitungsvertrieb

ND vom 21. 10., S. 2

Jeder Sachverhalt wird allseitig und unvoreingenommen aufgeklärt

Gespräch im Berliner Präsidium der Volkspolizei zu den Ereignissen am 7. und 8. Oktober: »... Die Maßnahmen der Volkspolizei an beiden Tagen hätten den gesetzlichen Bestimmungen entsprochen, sagte Dr. Dietze, Stellvertreter des Präsidenten der Volkspolizei Berlin. Die Handlungen einer Reihe von Personen hätten Tatbeständen des Rowdytums beziehungsweise der Zusammenrottung entsprochen...«

ND vom 21. 10., S. 2

Interview des stellvertretenden Berliner Polizeipräsidenten Oberst Dietze (2. v. r.) und des 1. Stellvertreters des Generalstaatsanwaltes von Berlin Voß (2. v. l.) zu den VP-Maßnahmen am 7. und 8. Oktober in Berlin

Über drei Millionen müssen von der Sozialhilfe leben
Bedürftige in der BRD als »Faulenzer« diskriminiert
Unterstützung kaum erhöht

ND vom 21. 10., S. 5

In Plauen demonstrierten 50000 Menschen

neues forum 1/89

DDR-Führung wirbt mit neuer Offenheit um Vertrauen
Reisepässe für die Bürger in Aussicht gestellt
Spektakuläre Fernsehdiskussion mit Funktionären

Der Tagesspiegel vom 21. 10., S. 1

Der 43. Tag

Sonntag, 22. Oktober

In Rostock demonstrierten 18000 Menschen. In Schöneiche bei Berlin sprachen Vertreter des NEUEN FORUM und der Sekretär der Ortsparteileitung der SED. Im Zimmer wurde ein verborgenes Aufzeichnungsgerät entdeckt.
neues forum 1/89

Demonstranten bildeten Menschenkette in Ost-Berlin Heftige Diskussion mit SED-Politbüromitglied Schabowski und Oberbürgermeister Krack

Der Tagesspiegel vom 22.10., S. 1

Diese Partei neostalinistischer Bürokraten hat in 40 Jahren ihre Unfähigkeit bewiesen. Ihre Zwangsherrschaft hat den Massenexodus der jungen Generation heraufbeschworen, der die DDR sich weißbluten läßt und dem Land irreparablen Schaden zufügt. Es ist nicht die Bundesrepublik, die arglistig Hunderte DDR-Bürger verführte, sondern die Zustände in der DDR sind zum Davonlaufen. Dennoch geht es nicht um eine »Abschaffung des Sozialismus«, über die sich die alte Garde des Regimes ereifert, sondern um die Abschaffung des abgewirtschafteten stalinistischen Systems.
Der Tagesspiegel vom 22.10., S. 1

Günter Schabowski im vertrauensvollen Gespräch mit demonstrierenden Berlinern

Der 44. Tag

Montag, 23. Oktober

Egon Krenz trifft sich mit Michail Gorbatschow Bei Telefongespräch der Generalsekretäre: Einladung nach Moskau

ND vom 23.10., S. 1

Dialog mit Demonstranten im Berliner Stadtzentrum Eine Menschenkette, viele Fragen und ehrliche Antworten von Günter Schabowski, Erhard Krack, Helmut Müller und weiteren Genossen der Berliner Parteiorganisation

ND vom 23.10., S. 1

Revanchisten-Großveranstaltung in BRD Friedensbedrohende Gebietsforderungen an die DDR, UdSSR und Polen Kohl beharrt auf »Obhutspflicht« für alle Deutschen

ND vom 23.10., S. 1

In der Ständigen Vertretung der DDR in der BRD in Bonn gehen zunehmend Anfragen von ehemaligen DDR-Bürgern zur Rückkehr in ihre Heimat ein, teilte Konsul Günter Lampat mit. Er sagte, an diesem Wochenende hätten sich mehr als 50 Personen mit diesem Anliegen an die Vertretung gewandt.
ND vom 23.10., S. 1

Baden-Württemberg:

Bei Wahlen zeichnen sich hohe Gewinne für die Neonazis ab
Proteste gegen Einzug der »Republikaner« in Rathäuser
ND vom 23.10., S. 1

Knallharte Fragen an musischer Stätte

Diskussion im Neuen Leipziger Gewandhaus bildete den Auftakt für sonntägliche Gespräche rund um den Karl-Marx-Platz
ND vom 23.10., S. 3

Harry Tisch bei Arbeitern von Bergmann-Borsig Berlin: Echte gewerkschaftliche Positionen – das zählt jetzt

ND vom 23.10., S. 3

Bürgerdiskussion im Leipziger Gewandhaus

Kurt Hager auf der Beratung des Präsidiums des Komitees für Unterhaltungskunst am 23. Oktober: »Wir haben verschiedene Formen des Personenkults in den letzten Jahren zugelassen, z.B. mit Stalin, danach mit Chrustschow. Auch bei uns ist Personenkult. Bei allen Verdiensten Erich Honeckers in seiner jahrzehntelangen Tätigkeit, in seinem Kampf gegen Faschismus, beim Aufbau der DDR, in seinen Bemühungen um Frieden und Abrüstung, ist es dann doch zu Erscheinungen gekommen, die ihm ausschließlich das Verdienst an der Friedenspolitik zugemessen haben. Wenn man das als Personenkult betrachten will, dann ist da doch ein Element davon vorhanden gewesen«.
Komiteeinformation Nr. 6

In Zwickau demonstrierten 15000, in Stralsund 4000 Menschen. Nachdem das NEUE FORUM in Schwerin zu einer Demonstration um 17 Uhr aufgerufen hatte, rief der »Demokratische Block und die Bezirksleitung der SED« zu einer Kundgebung am gleichen Ort und zur selben Stunde. 500 Teilnehmer folgten dem Appell. Andere 50000 zogen bis Kundgebungsende durch die Stadt. In Halle demonstrierten 10000 Menschen, Leipzig registrierte eine Viertelmillion. Eine Demo in Magdeburg hatte 30000 Teilnehmer.
neues forum 1/89

Wir hören Klagen, erhalten Beschwerdebriefe über ungleiche Verteilung von Gütern und Dienstleistungen, Reisen, Import-Kfz., Hotelbetten, Luxuselektronik bis hin zu Dosenbier. Es kann nicht um Neid und Verpetzen gehen! Vielmehr zeigen die Klagen, wie tief das Gefühl für soziale Gerechtigkeit und Gleichbehandlung in unserer Bevölkerung ist.

Wir müssen uns klarmachen, daß Umverteilung keine Gerechtigkeit herstellen kann... Die Abschaffung von Privilegien ist ein moralisches, kein Umverteilungsproblem.
Flugblatt NEUES FORUM vom 23.10.

Der 45. Tag

Dienstag, 24. Oktober

Freundschaftliches Treffen Egon Krenz – Nguyen Van Linh

ND vom 24.10., S. 1

PPP: In der BRD herrscht akute Wohnungsnot
Ein Drittel des Volkes um seine Lebenschancen betrogen

ND vom 24.10., S.1

Was Berliner Kabelwerker vom nächsten ZK-Plenum erwarten
Vorschläge an Alfred Neumann und Günter Schabowski im KWO

ND vom 24.10., S. 1

Pressekonferenz zu Polizeieinsätzen am 7. und 8. Oktober in Berlin

Kirchliche und andere Gruppierungen erhoben Vorwürfe gegenüber der Polizei, die im Zusammenhang mit Demonstrationen am 7. und 8. Oktober stehen. Vorgetragen wurden, zum Teil anonym, Berichte von Berlinern, die an diesen Tagen durch die Polizei zugeführt wurden. Den Schilderungen zufolge soll es zu Übergriffen durch VP-Angehörige sowohl auf der Straße als auch in Polizeirevieren und an anderen Orten gekommen sein...

Der 1. Stellvertreter des Generalstaatsanwalts von Berlin, Klaus Voß: Was das mir heute übergebene Material anbelangt, so muß ich nach einer ersten Durchsicht allerdings feststellen, daß viele der darin enthaltenen Protokolle keine Unterschrift tragen. Das erschwert etwas den Prüfungsprozeß.

ND vom 24.10., S. 2

Bauminister schaltete sich in die Messestadt-Debatte ein: Nachholbedarf bei Neubau und Sanierung unübersehbar

ND vom 24.10., S. 3

Erschreckender Aufwind für die Neonazis auch im BRD-»Musterländle«
CDU Verlierer in Baden-Württemberg
»Republikaner« oft mit zweistelligen Ergebnissen

ND vom 24.10., S. 5

FDP-Vorsitzender: Von Ratschlägen an die DDR absehen

ND vom 24.10., S. 5

Leipziger Montags-Demo

Johannes Rau:
BRD darf kein Vormund der DDR-Bürger sein

ND vom 24.10., S. 5

Grüne gegen Neuauflage staatlicher Träume von Wiedervereinigung

ND vom 24.10., S. 5

Steinkühler zur Situation in der BRD:
Not von Millionen Bürgern beschämend und unwürdig

ND vom 24.10., S. 5

In Demmin demonstrierten 500, in Anklam 4000 und in Meißen etwa 7000 Menschen

neues forum 1/89

Fast 300000 Teilnehmer bei Demonstration in Leipzig

Kritik am Vorabend der geplanten Wahl von Krenz zum Staatschef – Proteste auch in anderen Städten
Der Tagesspiegel vom 24.10., S. 1

Der 46. Tag

Mittwoch, 25. Oktober

10. Tagung der Volkskammer der DDR
Egon Krenz zum Vorsitzenden des Staatsrates der DDR gewählt
Oberste Volksvertretung stimmte Antrag der Fraktion der SED bei 26 Gegenstimmen und 26 Enthaltungen zu
Langjähriges Wirken Erich Honeckers an Spitze des Staates gewürdigt

ND vom 25.10., S. 1

Politbüro des ZK der SED tagte
10. Tagung des ZK für 8.–10. November einberufen
Vorschläge an Ministerrat für Gesetzentwurf über Reisemöglichkeiten für DDR-Bürger nach allen Staaten

ND vom 25.10., S. 1

Zu den polizeilichen Einsätzen in den letzten Wochen

Vor der Verfassung, vor dem Gesetz sind alle gleich
Erklärung von Dr. Wolfgang Herger, Vorsitzender des Ausschusses für Nationale Verteidigung der Volkskammer, vor dem Staatsrat der DDR

... In einem Befehl des damaligen Vorsitzenden des Nationalen Verteidigungsrates heißt es: »Der aktive Einsatz polizeilicher Kräfte und Mittel erfolgt nur bei Gewaltanwendung der Demonstranten gegenüber den eingesetzten Sicherheitskräften beziehungsweise bei Gewaltanwendung gegenüber Objekten. Der Einsatz der Schußwaffe im Zusammenhang mit möglichen Demonstrationen ist grundsätzlich verboten«.

Vorbereitet und vorgeschlagen hat diesen Befehl der heute gewählte Vorsitzende des Staatsrates der DDR, Egon Krenz...
ND vom 25.10., S. 1

Weizsäcker und Kohl gratulieren

ND vom 25.10., S. 3

Helmut Kohl zu möglichem Treffen mit Egon Krenz

ND vom 25.10., S. 3

Wolfgang Mischnick sprach mit Prof. Manfred Gerlach
»Entwicklung der DDR ist ihre eigene Angelegenheit«

ND vom 25.10., S. 3

In Jena fand am 25. Oktober eine Demonstration mit 10000 Teilnehmern statt, eine in Greifswald zählte 6000, die in Neubrandenburg 25000.
neues forum 1/89

Egon Krenz leistet seinen Verfassungseid als neugewählter Staatsratsvorsitzender

Der 47. Tag

Donnerstag, 26. Oktober

Krenz und Mischnick führten offenen Gedankenaustausch
Begegnung des Generalsekretärs des ZK der SED mit FDP-Politiker
Alle wesentlichen Fragen des Verhältnisses DDR-BRD berührt

ND vom 26.10., S. 1

Politiker aus der VR Polen bei Willi Stoph

ND vom 26.10., S. 1

Regierung in Bonn: BRD-Wehrpflicht für ehemalige Bürger der DDR

ND vom 26.10., S. 1

Weiterer Abrüstungsschritt vor den Augen der Welt
Jagdfliegergeschwader der NVA in Drewitz wurde aufgelöst

ND vom 26.10., S. 1

NATO beharrt auf Konzept der nuklearen Abschreckung
Verteidigungsminister berieten Militärstrategie

ND vom 26.10., S. 1

Wir brauchen den Dialog, nicht Unruhe und Gebrüll

... Am Dienstag gegen 17 Uhr kam es in Berlin wieder zu einer zuvor in Kirchen angekündigten Demonstration auf dem Alexanderplatz... Dort brüllten sie ihre Absicht heraus, zum Brandenburger Tor zu marschieren, augenscheinlich mit dem Ziel, einen massenhaften gewaltsamen Grenzdurchbruch zu riskieren. Volkspolizisten sperrten daraufhin die Straße. Da begann der harte Kern zu toben. Volkspolizisten wurde ins Gesicht gespuckt. Anderen wurden brennende Kerzen unter das Kinn gehalten. Erst eine halbe Stunde vor Mitternacht löste sich der Spuk auf...

ND vom 26.10., S. 2

Die Kriminalität gehört zum Alltag in der BRD
»Hemmschwelle sinkt immer tiefer«

ND vom 26.10., S. 6

Polizeipräsident von Berlin zu Demonstrationen vergangener Tage

... Die Polizei will die Demonstranten nicht kriminalisieren. Sie habe sehr wohl erkannt, daß die übergroße Mehrheit der Teilnehmer ehrlichen Herzens und aus Überzeugung für einen neuen Aufbruch in der Gesellschaft engagiert ist und auch während des Marsches durch die Innenstadt am Dienstag die Angebote zum Meinungsaustausch annahm. Rund 600 Mitglieder der SED, anderer Parteien und Massenorganisationen hatten sich dazu den Demonstranten gestellt, obgleich die Straße dafür eigentlich kein Platz ist. Der »harte Kern« habe aber all das ignoriert, woraus man nur schlußfolgern kann, daß es diesem überhaupt nicht um die Suche nach neuen Wegen in unserer sozialistischen Gesellschaft geht.
ND vom 26.10., S. 8

In Erfurt gingen am 26. Oktober mehr als 30000 Menschen auf die Straße. In Hagenow, Boizenburg und Wittenberg nahmen jeweils mehr als 1000 Menschen an Veranstaltungen teil, die das NEUE FORUM initiierte.
neues forum 1/89

Krenz um Kontakt zu Kohl bemüht
Gespräch mit Mischnick in Ost-Berlin

Der Tagesspiegel vom 26.10., S. 1

Egon Krenz mit den Liberaldemokraten Wolfgang Mischnick (rechts) und Manfred Gerlach (links)

Der 48. Tag

Freitag, 27. Oktober

Telefongespräch zwischen Egon Krenz und Helmut Kohl Weiterführung des aufgenommenen Kontaktes vereinbart

ND vom 27.10., S. 1

Interview der AK und des DDR-Rundfunks mit Willi Stoph: Wie geht der Ministerrat an seine neuen Aufgaben heran? Zusätzlich Import von Konsumgütern und Lebensmitteln Spürbar sollen Produktion und Angebot von Ersatzteilen verbessert werden

ND vom 27.10., S. 1

Am kritischen und konstruktiven Dialog beteiligen sich sehr engagiert die Gewerkschafter in allen Bereichen unserer Gesellschaft... Im VEB Druckmaschinenwerk Plamag traf sich Gerhard Nennstiel, Vorsitzender des Zentralvorstandes der IG Metall, mit Arbeitern. Am gleichen Tag besuchte Gerhard Nennstiel auch das Plauener Glühlampenwerk.
ND vom 27.10., S. 1

Auskunft über Biermann

Unser Leser Fritz Meinke äußerte gestern telefonisch ... In eurem heutigen Kommentar »Schmutz im Telefon« schreibt ihr, der Liedermacher Wolf Biermann hätte die Menschen, die sich der komplizierten Aufgabe stellen, eine Wende zum Positiven in unserem Land herbeizuführen, beschimpft: »Alte Schweinehunde« sei noch die mildeste Bezeichnung gewesen... Unser Leser hat recht, daß man, um das ganze Ausmaß der hetzerischen Ausfälle Biermanns gegen Egon Krenz und andere Mitglieder unserer Führung voll zu ermessen, sie kennen muß, wenngleich sich beim Übertragen die Feder sträubt...
ND vom 27.10., S. 2

Ein informatives Gespräch führten am Donerstag in der Bezirksleitung Berlin der SED der 1. Sekretär Günter Schabowski sowie die Sekretäre Heinz Albrecht und Horst Oswald mit Prof. Jens-Georg Reich und Sebastian Pflugbeil. Die beiden Gesprächspartner stellten sich als Angehörige einer Initiativgruppe vor, die sich »Neues Forum« nennt.
ND vom 27.10., S. 8

In Friedrichroda demonstrierten 1000, in Gotha 3000, in Güstrow 15000. In Teterow bildeten 3500 Menschen mit Kerzen eine Lichterkette durch die Stadt zum VPKA.
neues forum 1/89

100000 bei Diskussion mit Modrow in Dresden

Der Tagesspiegel vom 27.10., S. 1

Der 49. Tag

Samstag, 28. Oktober

Werner Krolikowski vor Wissenschaftlern und Studenten:

Vertrauen schließt Mitsprache und Mitarbeit aller Bürger ein
Wismut-Kumpel Helmut Walter: Muß man alles in Frage stellen?
Gesundheitsminister debattierte mit Berliner Ärzten im Rathaus
ND vom 28.10., S. 1

Beschluß des Staatsrates der DDR über eine Amnestie

ND vom 28.10., S. 1

CSSR-Reisen wieder paß- und visafrei
Mitteilung des Ministeriums des Innern der DDR

ND vom 28.10., S. 1

Berlin (West): Obdachlose prangern Wohnungsnot an

ND vom 28.10., S. 1

Linienflugverkehr zwischen DDR und BRD wird fortgesetzt

ND vom 28.10., S. 1

Leiter der DDR-Konsularabteilung in Warschau:

Humanitäre Maßnahme wird so schnell wie möglich verwirklicht

... Die Realisierung der genannten Vereinbarung habe am Montag, dem 16. Oktober, begonnen und dauere seither an. »Bislang erhielten wir Anträge auf ständige Ausreise aus der DDR von rund 2400 DDR-Bürgern. Wir sind bestrebt, diese in sehr kurzer Frist zu bearbeiten. Durch große Anstrengungen vieler Mitarbeiter der Botschaft und zusätzlicher Kräfte konnten bis zum heutigen Tag 1470 Bürgern die entsprechenden Dokumente ausgehändigt werden«, erklärte der Leiter der Konsularabteilung der Botschaft, Dr. Peter Krause.
ND vom 28.10., S. 2

Neonazis in der BRD auf dem Vormarsch
Herbst im Land – doch die »braunen Blätter« fallen nicht
Die »Republikaner« im Licht einer SPD-Studie und wie sie sich selbst sehen

ND vom 28.10., S. 6

Ahnungen und Mahnungen in unserer Literatur

ND-Gespräch über eine Moskauer Neuerscheinung, über das in Jahrzehnten gewachsene künstlerische Werk von Christa Wolf und über Aktuelles in der DDR-Kulturpolitik

Transport des Luther-Denkmals an seinen historischen Platz in Berlin-Mitte

Lesung aus Walter Jankas Buch »Schwierigkeiten mit der Wahrheit« im Deutschen Theater

Mit Klaus Höpcke sprach Dr. Harald Wessel

...

Klaus Höpcke: Gestatte eine Frage an dich: Wie siehst du den Briefwechsel zwischen Christa Wolf und Karin Retzlaff in der »Jungen Welt« vom 23. Oktober?

Harald Wessel: In gewisser Weise als Ausdruck des genannten Dilemmas. Karin Retzlaff ist eine von mir geschätzte Journalistin. Auf ihre Rezensionen habe ich meist etwas gegeben. Nur, in welche Lage kommt sie, wenn sie ein Buch kritisiert, das bei uns nicht erschienen ist? Ich weiß aus eigener, wenn auch seltener Erfahrung, in welche schlimme Lage man da kommen kann...

Klaus Höpcke: Du denkst an deine Betrachtung zum Film »Die Reue« vor zwei Jahren?

Harald Wessel: Ja, vor allem daran.

Klaus Höpcke: Das Schlimme, Harald, sah ich in dem Fall in der Art, wie da künstlerische Fiktion mit Fakten zurechtzuweisen versucht wurde, wobei außerdem Einseitigkeit in der Auswahl der Fakten zu bemängeln war, abgesehen von unerträglichen Sätzen wie dem zum Tode Kolzows: »Hat nicht sollen sein«. So etwas aus deiner Feder lesen zu müssen, hat mich geschmerzt. In den Augen vieler, die dich näher nicht kennen, hat es ein, wie ich finde, verzerrtes Bild von dir aufkommen lassen.

Harald Wessel: Ich bin dir dankbar für diese Anmerkung...

ND vom 28.10., S. 9

In Plauen beteiligten sich 50000 Menschen an einer Demonstration, in Halle demonstrierten 50 Mütter mit ihren Kindern für Gewaltfreiheit.

neues forum 1/89

Der 50. Tag

Sonntag, 29. Oktober

An einem Schweigemarsch durch Freiberg beteiligten sich 3000 Menschen. In Waren fand die vierte vom NEUEN FORUM ins Leben gerufene Diskussion statt – nun an jedem Sonntag in einer gemieteten Turnhalle
neues forum 1/89

In Wahrnehmung der Grundsatzerklärung aus Art. 27 und 29 der Verfassung der DDR soll jeder Bürger, der der Grundsatzerklärung zustimmt, durch sachliche und konstruktive Meinungsäußerung an der Mitgestaltung der Gesellschaft der DDR mitwirken und sich frei entscheiden können, Mitglied dieser Partei zu werden, die ihre Aufgabe vorrangig darin sieht, die Mitwirkung der Bürger an der ökologischen, politischen, kulturellen, sozialen und wirtschaftlichen Gestaltung der Gesellschaft in der DDR zu fördern...
Beschluß des »Demokratischen Aufbruchs« vom 29. 10.

Die »politische Wende«, die Egon Krenz verkündet hat, ist nach wie vor eine opportunistische. Sie war und ist opportun, weil anders der Machtapparat der DDR dem Druck der Massen nicht mehr standgehalten hätte. Sei es um den Druck derjenigen, die das Land verließen, sei es dem Aufbegehren derjenigen, die jetzt nach soviel Jahren der Stagnation Veränderungen forderten... Die bisher nur teilerneuerte Führung der SED folgt dabei nach wie vor nicht dem eigenen Willen, sondern einer ihr diktierten Notwendigkeit.
Der Tagesspiegel vom 29.10., S. 1

Sonntagsgespräch vor dem Berliner Roten Rathaus

Der 51. Tag

Montag, 30. Oktober

»Sonntagsgespräche« in der Hauptstadt begonnen
Diskussionsrunden vor dem Roten Rathaus
nd in der Kongreßhalle
Meinungen und Gegenmeinungen vorgebracht
Kein Thema tabu

ND vom 30.10., S. 1

DGB-Vorsitzender besorgt:
Große Resonanz der Neonazis unter BRD-Jugend

ND vom 30.10., S. 1

Gespräch mit dem Regierenden Bürgermeister
von Berlin (West)
Günter Schabowski und Erhard Krack erörterten
mit Walter Momper Fragen der gegenseitigen Beziehungen

ND vom 30.10., S. 1

Polnische Bürger beantragen Übersiedlung in die DDR

ND vom 30.10., S. 2

Vier Stunden konstruktive und zum Teil
kontroverse Debatte in Erfurt
Gerhard Müller und weitere Politiker
sprachen mit Bürgern in der Thüringenhalle

ND vom 30.10., S. 2

Im DDR-Fernsehen:
Aktuelle Kamera auch im 2. mit neuem Profil

Die Wiederholung der 19.30 Uhr-Ausgabe vom 1. Programm entfällt. An ihre Stelle tritt von Montag bis Freitag um 22.00 Uhr »AK-Zwo« – eine gestaltete journalistische Sendung mit Moderator und einem Nachrichtenüberblick vom Tage.
ND vom 30.10., S. 6

In Jena demonstrierten 12000, in Schwerin 80000, in Leipzig 300000. Bei Wind und Regen zogen 50000 durch Magdeburg. In Halle mußte die von der SED geplante Demo »Rote Fahnen gegen weiße Kerzen« wegen mangelnder Beteiligung ausfallen.
neues forum 1/89

Der 52. Tag

Dienstag, 31. Oktober

Empfang für Absolventen der Militärakademien
Egon Krenz: Auch unter sich verändernden Bedingungen sichern die Streitkräfte die Unantastbarkeit des Hoheitsgebietes der DDR

ND vom 31. 10., S. 1

Egon Krenz reist heute nach Moskau

ND vom 31. 10., S. 1

Debatte im Bundesvorstand:
Wie kann Wende in der Arbeit des FDGB erreicht werden?
Entscheidung über Vertrauensfrage von Harry Tisch wurde vertagt

ND vom 31. 10., S. 1

BRD-Politiker:
Alle ehemaligen DDR-Bürger werden bespitzelt

ND vom 31. 10., S. 1

CDU fördert die »Republikaner«
Kritik aus den eigenen Reihen

ND vom 31. 10., S. 1

Egon Krenz Vizekanzler?

»Egon Krenz sollte zusätzlich unter Kanzler Kohl das Amt des Vizekanzlers erhalten«, schlägt ein bayrischer Parteifreund des Bundeskanzlers vor: Dr. Klaus Rose, der für die CSU auch im Bundestag sitzt... Natürlich muß Krenz für den Vizekanzler bezahlen. Er soll die ganze DDR einbringen in das Geschäft, die Mauer abreißen und deutsch-deutsche Betriebe in der DDR zulassen, fordert Rose... Nicht der Vizekanzlerposten für Krenz in Bonn, sondern ein Kanzlerposten für Kohl in Berlin ist des Pudels Kern.
ND vom 31.10., S. 2

Warum italienische Arbeitslose um Übersiedlung in die DDR baten
Vertreter aus Neapel: Jeder dritte ohne festen Arbeitsplatz
Freiheit sei magisches Wort, das im Westen leichtfertig zur Beeinflussung der jungen Generation verwendet wird

ND vom 31.10., S. 5

BRD-Politiker zu Geldern für DDR-Aussiedler: »Unangemessene Anreize«
Finanzhilfen werden von Einheimischen kritisiert

ND vom 31.10., S. 5

In Stralsund demonstrieren 5000 Menschen

neues forum 1/89

»Schwarzer Kanal« eingestellt

Der Tagesspiegel vom 31.10., S. 1

Prof. Erich Hahn eröffnet den III. Philosophie-Kongreß der DDR

Der 53. Tag

Mittwoch, 1. November

Egon Krenz in Moskau zu Arbeitsbesuch eingetroffen
Spitzenbegegnung mit Michail Gorbatschow
am heutigen Mittwoch
Enges und kameradschaftliches Verhältnis
zur Sowjetunion betont

ND vom 1. 11., S. 1

Egon Krenz reist zu Arbeitsbesuch in die VR Polen

ND vom 1. 11., S. 1

Bundesvorstand des FDGB tagt am Donnerstag
Harry Tisch wird seinen Rücktritt erklären

ND vom 1. 11., S. 1

Obdachlosenhelfer rufen in Berlin (West) Notstand aus
Diakonisches Werk: Im Winter sitzen 7000 auf der Straße

ND vom 1. 11., S. 1

12880 Nazis seit 1945 in der DDR verurteilt
Vor Juristen in Hamburg: Tiefe Kluft zur BRD-Praxis

ND vom 1. 11., S. 1

Die im Oktober vorigen Jahres von der Erweiterten Oberschule »Carl von Ossietzky« Berlin relegierten Schüler können bei entsprechendem Wunsch ihre Ausbildung fortsetzen... Der Stadtschulrätin Rotraud Stierand zufolge hätten sich die betroffenen Schüler seinerzeit in ihrer Schule an politischen Auseinanderetzungen in einer Art und Weise beteiligt, die unakzeptabel gewesen sei. Der Direktor der Schule Rainer Forner habe deshalb nach Beratung im Pädagogischen Rat und unter Berücksichtigung der Stellungnahmen des Elternbeirats und der FDJ-Grundorganisation den Antrag auf Ausschluß der Schüler gestellt.
ND vom 1. 11., S. 1

In Markneukirchen wurde zum wiederholten Male demonstriert, diesmal mit 6000 Menschen. In Königs Wusterhausen wurde die vom NEUEN FORUM beantragte Demonstration genehmigt. An der Spitze des Zuges mit 1500 Menschen ein Transparent »Ich als SED-Mitglied fordere die Anerkennung der Opposition«. Durch Ilmenau zog ein Schweigemarsch mit 20000 Teilnehmern.
neues forum 1/89

Der 54. Tag

Donnerstag, 2. November

Völlige Übereinstimmung bei Treffen Michail Gorbatschow – Egon Krenz
Mitteilung über die Begegnung im ZK der KPdSU
Bruderbund wird ausgebaut
KPdSU und SED wollen die revolutionäre Umgestaltung in ihren Ländern zum Erfolg führen
Stabile wirtschaftliche Entwicklung bleibt die entscheidende Grundlage der Erneuerung
UdSSR bekräftigt: Alle Fragen, die die DDR betreffen, werden in Berlin entschieden

ND vom 2.11., S. 1

Dem »Time Magazine«, dessen Korrespondent bemerkte, es werde kritisch betrachtet, daß Egon Krenz mit Erich Honecker verbunden war und noch verbunden ist, sagte er: »Das empfinde ich nicht als Kritik. In der Politik gibt es Zeiten, wo man gemeinsam geht, und es gibt Zeiten, wo man allein die Verantwortung übernehmen muß. Unter der Leitung Erich Honeckers ist in der DDR viel Gutes geleistet und entwickelt worden, so daß ich mich dieser Zeit nicht zu schämen brauche«.
ND vom 2.11., S. 2

Gemaßregelte BRD-Pädagogin: Gesinnungsverbote auf den Müll der Geschichte

ND vom 2.11., S. 5

Egon Krenz und Michail Gorbatschow beantworten in Moskau Fragen von DDR-Journalisten

Der 55. Tag

Freitag, 3. November

Erreichtes in der Zusammenarbeit
DDR-Polen bewahren und ausbauen
Egon Krenz zu Arbeitsbesuch in Warschau
Politische Gespräche mit Wojciech Jaruzelski,
Tadeusz Mazowiecki, Mieczyslaw Rakowski
Vertreter von Jugendverbänden empfangen

ND vom 3.11., S. 1

Ministerrat erörterte kritische politisch-ökonomische Lage
Weitere Aufgaben für eine Wende behandelt
Vorschläge von Bürgern berücksichtigt
Volksbildungsminister zurückgetreten

ND vom 3.11., S. 1

Annelies Kimmel zur neuen FDGB-Vorsitzenden gewählt
10. Tagung des Bundesvorstandes nahm den
Rücktritt von Harry Tisch an
Einheit der Gewerkschaft hat Priorität

ND vom 3.11., S. 1

DDR und EG Partner für eine konstruktive Kooperation
Egon Krenz empfing im Staatsrat Vizepräsident
der Kommission der Europäischen Gemeinschaften,
Martin Bangemann

ND vom 3.11., S. 1

Herrn Vogels »Prüfsteine«

In die Phalanx jener Kräfte in der BRD, die der DDR vorschreiben wollen, wie sie ihre gesellschaftliche Entwicklung gestalten soll, hat sich nunmehr auch der Partei- und Fraktionsvorsitzende der SPD, Vogel, eingeschaltet. Nachdem Kohl und Waigel, Blüm und Willms ihren Katalog von Wunschvorstellungen aufgeblättert haben, meint Vogel, noch eins draufsetzen zu müssen. In der Manier eines Oberlehrers formulierte er fünf Forderungen, nicht bloß Wünsche, die er als »Prüfsteine« der Glaubwürdigkeit bezeichnete. Laut Vogel müsse »die SED-Spitze entscheidende Schritte in Richtung Pluralismus gehen«, wozu nach seiner Meinung Reise-, Informations- und Meinungsfreiheit ebenso gehörten wie die Anerkennung solcher Gruppierungen in der DDR wie die SDP und die Aufgabe der Führungsrolle der SED.

Herrn Vogels »Prüfsteine« sind nicht der Stein der Weisen, sondern nur ein weiterer Versuch, sich massiv in die inneren Angelegenheiten der DDR einzumischen...
ND vom 3.11., S. 2

CDU-Vorsitzender Gerald Götting zurückgetreten

ND vom 3.11., S. 3

NDPD-Vorsitzender Heinrich Homann zurückgetreten

ND vom 3.11., S. 3

LDPD empfiehlt Rücktritt der Regierung

ND vom 3.11., S. 3

Laut CTK befinden sich auf dem Gelände der BRD-Botschaft in Prag gegenwärtig rund 1300 Personen, die auf diesem Wege ihre Ausreise aus der DDR bewirken wollen.
ND vom 3.11., S. 5

Präsident des DRK der BRD: Mehr und mehr Anfragen von Rückkehrwilligen

ND vom 3.11., S. 5

Willkürlich gesperrte sowjetische Filme jetzt zugänglich Anweisung zum Ankauf des Films »Die Reue« von Abuladse erteilt

ND vom 3.11., S. 6

Die neue FDGB-Chefin Annelies Kimmel spricht mit Arbeitern im Berliner Glühlampenwerk VEB NARVA.

Der 56. Tag

Samstag, 4. November

Fernseh- und Rundfunkansprache von Egon Krenz an die Bürger der DDR

Wir sehen in der Erneuerung unserer sozialistischen Gesellschaft vor allem eine große geistige Erneuerung. Im Leben der Partei, in ihren Strukturen und im Parteistatut sind Garantien für die Unumkehrbarkeit der Erneuerung zu schaffen. Erforderlich ist eine Demokratisierung der Kaderpolitik und die Begrenzung der Zeitdauer für die Ausübung von Wahlfunktionen. Führung durch die Partei heißt, politische Konzepte zu entwickeln und die Mitglieder und Organisationen in den Volksvertretungen, in der Regierung, den Räten und anderen Organen des Staates und der Wirtschaft zu deren Verwirklichung zu befähigen. Wir wollen eine starke, handlungsfähige, von neuem demokratischen Selbstbewußtsein durchdrungene SED, die eng mit dem Volk verbunden ist.

ND vom 4.11., S. 1

Diplomatisches Korps beglückwünscht Vorsitzenden des Staatsrates zur Wahl Doyen Dr. Aki: Wir hoffen, daß die DDR weiter die aktive Rolle spielt, die ihr gebührt Egon Krenz: Unser Land setzt Dialog mit allen Kräften der Vernunft und des Realismus fort

ND vom 4.11., S. 2

Wie CTK am Freitagabend nach Redaktionsschluß meldete, hat die DDR nach Vereinbarung mit der CSSR die direkte Ausreise der mehr als 4500 sich in der dortigen BRD-Botschaft aufhaltenden Personen in die BRD ermöglicht.

ND vom 4.11., S. 2

dpa über die Situation der Obdachlosen in der BRD: Wettlauf der Benachteiligten um bezahlbare vier Wände Mehr als 100000 ohne feste Bleibe / »Katastrophaler Wohnungsmarkt« eine Ursache

ND vom 4.11., S. 5

Neonazis beschmierten Mahnmal in Hamburg

ND vom 4.11., S. 5

DGB-Landesvorsitzender: Radikalenerlaß vergiftet das politische Klima

ND vom 4.11., S. 5

»Revolutionen sind Festtage für das Volk«: Fast eine Million Bürger nehmen an der bisher größten Demonstration am 4. November 1989 in Berlin teil.

Der 57. Tag

Sonntag, 5. November

Berliner Künstler, die Initiatoren der Demo vom 4. November, an der Spitze der Protestierenden

Bis zu einer Million Menschen demonstrierten in Ost-Berlin
Größte freiwillige Demonstration in der Geschichte der DDR
26 Redner forderten Reformen – vom DDR-Fernsehen direkt übertragen

Der Tagesspiegel vom 5.11., S. 1

DDR gestattet freie Ausreise über die Tschechoslowakei
Rund 7000 Flüchtlinge in der Bundesrepublik erwartet

Der Tagesspiegel vom 5.11., S. 1

... Nun, da die Entwicklungen auch in der DDR voranschreiten, stellt sich vor allem die Sorge ein. Was geschieht, wenn trotz aller Verheißungen der Umgestaltung noch mehr Bewohner der DDR zu uns kommen? Auf welche Strukturen laufen die Dinge in der DDR zu? Was kann man tun, um der Bevölkerung in der DDR zu helfen, ohne zugleich mit ihrem nun gewachsenen Selbstbewußtsein zu kollidieren? An welchem Punkt bescheinigt man einer neuen DDR-Führung Reformwillen oder besser Einsicht in das Notwendige, ohne hinter den Wünschen der dortigen Bevölkerung zurückzubleiben? Und schließlich: Wie wird sich die deutsche Frage nach einiger Zeit darstellen?

Der Tagesspiegel vom 5.11., S. 1

Der 58. Tag

Montag, 6. November

Zur öffentlichen Diskussion: Entwurf des Gesetzes über Reisen ins Ausland

ND vom 6.11., S. 1

Protestdemonstration von 500000 im Zentrum Berlins Bürger der Hauptstadt und aus Bezirken der Republik forderten dauerhafte Wende 29 Wortmeldungen auf Abschlußkundgebung

ND vom 6.11., S. 1

Mehr als 50000 DDR-Bürger sind, wie die zuständigen österreichischen Behörden am Wochenende mitteilten, seit der Öffnung von Ungarns Westgrenze am 11. September über Österreich in die BRD ausgereist. Die DDR-Botschaft in Wien unterstützt, wie es hieß, zurückkehrende DDR-Bürger mit der Ausstellung der notwendigen Dokumente für die Weiterreise in die DDR.
ND vom 6.11., S.2

Freitag abend hat sich Egon Krenz in seiner Ansprache an alle Bürger gewandt. Wir möchten hoffen, die Rede wurde gehört, am Samstag in den Zeitungen nachgelesen, bedacht und erörtert... Um auf die Berliner Demonstration zurückzukommen. Dort sind böse und harte, zugleich ermutigende und besonnene Worte gesagt worden. Zeit ist, über Trennendes hinweg zusammenzustehen und die Dinge zum Guten zu wenden für unsere gemeinsame Heimat, die Deutsche Demokratische Republik.
ND vom 6.11., S. 2

Keine Verfahren wegen Befehlsverweigerung am 7./8. Oktober

ND vom 6.11., S. 2

Staatliche Sicherheit – Grundbedingung für Erneuerung und für Bewahrung des Erreichten

Interview des ND mit dem Stellvertreter des Ministers für Staatssicherheit, Generaloberst Rudi Mittig:

Der »totale Überwachungsstaat«, das »allgegenwärtige Spitzelsystem« existieren nur in der Phantasie westlicher Medien. Das Ministerium für Staatssicherheit »überwacht« nicht das Volk, es arbeitet mit den Bürgern zusammen und im Interesse aller, denen der Sozialismus und das friedliche Leben der Menschen hierzulande am Herzen liegt...
ND vom 6.11., S. 3

Prof. Kurt Masur beim Bürgergespräch im Neuen Gewandhaus in Leipzig

SPD-Politiker Oskar Lafontaine: Den Zuzug von Aus- und Übersiedlern begrenzen

ND vom 6. 11., S. 5

In Bayern 400 000 auf Sozialhilfe angewiesen

ND vom 6. 11., S. 5

Urteilsverkündung im Prozeß gegen drei Dresdner Rowdys Gericht blieb unter dem Antrag des Staatsanwalts

Wegen Zusammenrottung, Rowdytum und Widerstand gegen staatliche Maßnahmen wurden von der Strafkammer des Kreisgerichtes Dresden-Ost der 19jährige Forstarbeiter André L. zu zwei Jahren und zwei Monate, der 23jährige Facharbeiter für Grünanlagen Holm V. zu zwei Jahren und 6 Monate und der 18jährige Friedhofsgärtner Kai-Uwe St. zu vier Jahren Freiheitsentzug sowie einer Geldstrafe in Höhe von 3000 Mark verurteilt.
ND vom 6. 11., S. 8

Der 59. Tag

Dienstag, 7. November

Festveranstaltung in der Deutschen Staatsoper in Berlin
Roter Oktober stieß das Tor zur Erneuerung der Welt auf
Bündnis DDR – Sowjetunion wird aufgrund gemeinsam erkannter Erfordernisse gefestigt und ausgebaut
Rede Werner Krolikowskis

ND vom 7.11., S. 1

EG-Kommissar Bangemann:
Für baldige Gespräche mit DDR über Handelsvertrag
Warnung an westliche Politiker vor »Oberlehrergehabe«

ND vom 7.11., S. 1

Vor Kohl-Besuch in Polen:
Czaja beansprucht erneut »Provinzen östlich der Oder«
DDR-Grenze in Frage gestellt

ND vom 7.11., S. 1

BRD-Nachrichtenagentur dpa:
»Unhaltbare Zustände« in Auffanglager bei Hamburg
Übersiedler aus der DDR klagen über Unterbringung

ND vom 7.11., S. 1

Berlin (West): Jeder zehnte Arbeitslose ist ein Übersiedler

ND vom 7.11., S. 1

40 Verstöße gegen Ausfuhrbestimmungen seit Beginn des Jahres
Verordnung gegen Spekulation beim ambulanten Handel
Umfang der ungesetzlichen Geschäfte pro Jahr 300 bis 500 Mio Mark

ND vom 7.11., S. 1

Im Zuge der Vereinbarung zwischen der DDR, der BRD und der CSSR sind von Sonnabend bis Montag, 12 Uhr, 23300 Bürger der DDR über die CSSR in die BRD ausgereist.
ND vom 7.1., S. 2

Die BRD ist nach wie vor von Massenarbeitslosigkeit geprägt

Erwerbslosigkeit unter ehemaligen DDR-Bürgern stieg seit September um 36,2 Prozent

ND vom 7.11., S. 7

BRD: Schlangestehen nach einer Wohnung

ND vom 7.11., S. 7

Friedensdemonstrant in BRD mußte neunmonatige Haftstrafe antreten

ND vom 7.11., S. 7

Grüne: Neonazis sind Äpfel vom Stamm der CDU/CSU BRD-Parteien konstatieren steigenden Rechtsradikalismus

ND vom 7.11., S. 7

Mehr als 23000 Flüchtlinge kamen über die CSSR Ausreisewelle aus der DDR auf neuem Höhepunkt Pro Stunde 100 Autos an bayrischem Übergang

Der Tagesspiegel vom 7.11., S. 1

Während in Wismar (Bezirk Rostock) 50000 Bürger für freie Wahlen und Demokratie demonstrieren, tritt in Berlin die Regierung zurück.

Der 60. Tag

Mittwoch, 8. November

Ministerrat der DDR hat beschlossen, zurückzutreten
Erklärung des Regierungssprechers vor der internationalen Presse:
Regierung nimmt verfassungsmäßige Aufgaben bis zur Abberufung und Neuwahl durch die Volkskammer wahr
Appell an alle Bürger der Republik: Unser sozialistisches Vaterland braucht alle und jeden

ND vom 8.11., S. 1

Sofortige Tagung der Volkskammer gefordert
Verfassungs- und Rechtsausschuß mißbilligt Zögern des Präsidiums

ND vom 8.11., S. 1

Mietpreis-Explosion in Berlin (West)
Selbst bei kleinen Wohnungen Anstieg bis zu 50 Prozent

ND vom 8.11., S. 1

dpa zur Ausreise von DDR-Bürgern:
Aufnahmekapazität in den Lagern Bayerns ist erschöpft

ND vom 8.11., S. 1

Schwere Grenzprovokation durch Westberliner Rowdys
Steine, Stahlkugeln und Brandflaschen auf Wohnhäuser geworfen
Gesundheit und Leben von Bürgern gefährdet

ND vom 8.11., S. 1

Kohl erkennt Polens Grenze nicht als endgültig an
Revanchistenchef Bismarck begleitet Kanzler auf Reise

ND vom 8.11., S. 1

Auf der 11. Tagung des Zentralvorstandes der IG Metall, die in geschlossener Sitzung am Dienstagvormittag begann, wurde Gerhard Nennstiel aufgrund der ungeklärten Umstände seines Eigenheimbaus als Vorsitzender und Mitglied des Zentralvorstandes der Industriegewerkschaft abberufen.
ND vom 8.11., S. 2

Auf einer Protestkundgebung vor dem Hause des ZK der SED fordert die Parteibasis Rechenschaft und Rücktritt des ZK sowie einen außerordentlichen Parteitag.

10000 Wartburg mehr zum Verkauf
Export gesenkt
Produktionsanstieg bei PKW geplant
Doch kein Abbau der Wartezeit

ND vom 8.11., S. 2

Der Ministerrat bestätigte eine neue Regelung für die nichtkommerzielle Ein- und Ausfuhr von PKW, Kleintransportern, Kleinbussen, Krankenfahrstühlen, Zweirad-Motorfahrzeugen und Kraftfahrzeugersatzteilen. Die Regelungen sehen vor, daß natürliche Personen die genannten Straßenfahrzeuge einführen können, wenn es sich um Schenkungen bzw. Kauf aus Devisenguthaben handelt und sie nicht älter als vier Jahre nach ihrer Erstzulassung sind.
ND vom 8.11., S. 8

Eine parlamentarische Kommission zur Prüfung von Bürgeranliegen im Zusammenhang mit eventuellen rechtswidrigen Handlungen von Angehörigen der Schutz- und Sicherheitsorgane am 7. und 8. Oktober in Berlin nahm am Dienstag ihre Arbeit auf. Das Untersuchungsgremium wird einmal pro Woche zusammenkommen.
ND vom 8.11., S. 8

Massenausreise über die CSSR nimmt weiter zu
Aufnahmelager in Bayern völlig überlastet
Bislang etwa 35000 Flüchtlinge

Der Tagesspiegel vom 8.11., S. 1

Nach einem Friedensgebet fordern 25000 Neubrandenburger die Erneuerung der Gesellschaft.

Der 61. Tag

Donnerstag, 9. November

10. Tagung des Zentralkomitees der SED hat in Berlin begonnen
Bisheriges Politbüro geschlossen zurückgetreten
ZK nahm Rücktritt einstimmig an und wählte neues Politbüro
Referat von Egon Krenz
Entwurf eines Aktionsprogramms der SED »Schritte zur Erneuerung« zur Diskussion vorgelegt

ND vom 9.11., S. 1

Demonstration von Berliner Genossen vor dem Haus des ZK
Forderungen an die ZK-Tagung und Bekenntnisse zur Erneuerung

ND vom 9.11., S. 1

Präsidium der Volkskammer für den 9. November einberufen

ND vom 9.11., S. 1

Appell Christa Wolfs an DDR-Bürger:
Fassen Sie Vertrauen!
Erklärung von Künstlern und Vertretern von fünf Bürgerinitiativen im DDR-Fernsehen

ND vom 9.11., S. 1

Egon Krenz: Die Frage, die alle bewegt, ist: Was hat zum gegenwärtigen Zustand der Gesellschaft geführt? Unsere Partei hat große Anstrengungen unternommen, um ihren Führungsanspruch zur Geltung zu bringen. Und viele Genossen haben ihn mit ihrer Arbeit getragen. Und doch, Genossen, ein Grundmangel unseres bisher existierenden Systems war eine solche Beziehung zwischen Partei und Staat, daß die Partei diesen Anspruch letzten Endes doch in hohem Maße administrativ durchzusetzen versuchte.
ND vom 9.11., S. 3

dpa-Ente dementiert:
Keine Rücktrittsabsichten von FDJ-Zentralrat oder Sekretariat

ND vom 9.11., S. 7

Innenministerium bestätigt Anmeldung des NEUEN FORUM

ND vom 9.11., S. 7

Sprecher des Verteidigungsministeriums:
Weitere 600 Soldaten in der Wirtschaft eingesetzt
Ärzte vorzeitig aus dem Reservistendienst entlassen

ND vom 9. 11., S. 7

BRD-Wohnungsbauministerin:
Probleme mit Unterbringung von Aus- und Übersiedlern
Menschen unter unwürdigen Bedingungen untergebracht

ND vom 9. 11., S. 8

BRD-Reservistenverband begrüßt
Wehrpflicht für ehemalige DDR-Bürger

ND vom 9. 11., S. 8

Bundesanstalt für Arbeit:
Schwierige Eingliederung ehemaliger DDR-Frauen

ND vom 9. 11., S. 8

Fast 11000 Flüchtlinge an einem Tag
Strom der über die CSSR ausreisenden DDR-Bürger nimmt noch zu ... Damit sind in den sechs Tagen seit Öffnung der CSSR-Grenze fast 60000 Menschen – das entspricht etwa der Einwohnerzahl von Fulda – auf diesem Weg in die Bundesrepublik gekommen
Der Tagesspiegel vom 9. 11., S. 1

Krenz macht abgelöste DDR-Führung für die Fluchtwelle verantwortlich
Abrechnung mit Honecker und Mittag vor dem Zentralkomitee

Der Tagesspiegel vom 9. 11., S. 1

Der 9. November – der Tag, an dem die Mauer fiel

Der 62. Tag

Freitag, 10. November

Von der 10. Tagung des Zentralkomitees:
4. Parteikonferenz der SED für den 15. bis 17. Dezember 1989 einberufen
Diskussion zum Referat des Generalsekretärs und zum Entwurf des Aktionsprogramms, zum Prozeß der Erneuerung von Gesellschaft und Partei / Fazit auf der internationalen Pressekonferenz: Debatte im ZK ist bestimmt von der Einmütigkeit, nach vorn zu gehen
ND vom 10.11., S. 1

Offener Gedankenaustausch Egon Krenz – Johannes Rau
Aspekte der Beziehungen zwischen DDR und BRD erörtert
ND vom 10.11., S. 1

Wie der Regierungssprecher mitteilte, hat der Ministerrat der DDR beschlossen, daß bis zum Inkrafttreten einer entsprechenden gesetzlichen Regelung folgende Bestimmungen für Privatreisen und ständige Ausreisen aus der DDR ins Ausland mit sofortiger Wirkung in Kraft gesetzt werden: Privatreisen nach dem Ausland können ohne Vorliegen von Voraussetzungen (Reiseanlässe und Verwandtschaftsverhältnisse) beantragt werden. Die Genehmigungen werden von den zuständigen Abteilungen Paß- und Meldewesen der Volkspolizei-Kreisämter kurzfristig erteilt. Versagungsgründe werden nur in besonderen Ausnahmefällen angewandt.
ND vom 10.11., S. 1

Am Montag 11. Tagung der Volkskammer
ND vom 10.11., S. 1

BRD-Politiker Herbert Schmalstieg:
Reserven vieler Städte für Übersiedler sind erschöpft
Bunker und Turnhallen müssen als Notunterkünfte dienen
ND vom 10.11., S. 1

BRD: Mehr als 6 Millionen sind arm
ND vom 10.11., S. 8

Tausende Polen sind an Arbeit und Wohnsitz in der DDR interessiert
Facharbeiter und Ärzte melden sich in den Konsulaten
ND vom 10.11., S. 8

DDR öffnet ihre Grenzen zum Westen
Die Mauer verliert ihre Funktion
Unverzügliche Bearbeitung aller Reise- und Ausreiseanträge zugesagt – keine Begründung nötig
Der Tagesspiegel vom 10.11., S. 1

Das Auto des Jahres: Trabi – made in GDR

Der 63. Tag

Samstag, 11. November

Kommunique der 10. Tagung des Zentralkomitees der SED

... Im Verlauf der Diskussion der 10. Tagung des ZK wurden Entscheidungen von Bezirksleitungen der SED und Einwände zu einigen neu gewählten Mitgliedern und Kandidaten des Politbüros bekannt, die zu dem Vorschlag führten, die Genossen Hans-Joachim Böhme, Johannes Chemnitzer, Werner Walde und die Genossin Inge Lange von ihren Funktionen zu entbinden...

Genosse Günter Mittag wurde entsprechend dem Statut der Partei wegen gröblichster Verstöße gegen die innerparteiliche Demokratie, gegen die Partei- und Staatsdisziplin sowie Schädigung des Ansehens der Partei aus dem ZK ausgeschlossen. Ebenso wurde Genosse Joachim Herrmann aus dem ZK ausgeschlossen.

ND vom 11.11., S. 1

Innenminister Friedrich Dickel zu den neuen Reiseregelungen
Kurzfristige Entscheidungen der Volkspolizei über Visaanträge
Keine zeitlich befristete, sondern eine Maßnahme von Dauer
Zusätzliche Grenzübergangsstellen nach Berlin (West) eingeplant
Erleichterungen für die Einreise in das Grenzgebiet vorgesehen

ND vom 11.11., S. 1

Am 10. November 1989 hat der Generalstaatsanwalt der DDR, Günter Wendland, vorgeschlagen, einen zeitweiligen Ausschuß der Volkskammer der DDR zur Untersuchung von Fällen der Korruption und des Funktionsmißbrauchs einzusetzen.

ND vom 11.11., S. 2

Rund 55500 DDR-Bürger sind nach Angaben des Bundesinnenministeriums bis zum Freitagabend in die BRD eingereist. Davon hätten sich 3250 als Übersiedler registrieren lassen.

ND vom 11.11., S. 2

Kundgebung in Berlin (West) vor Schöneberger Rathaus
DDR-Bürger dabei / Warnung vor großdeutschen Parolen

ND vom 11.11., S. 15

BRD-Kanzleramtsminister beklagt das Festhalten am Sozialismus in der DDR

ND vom 11.11., S. 15

BRD-Präsident von Weizsäcker:
Verantwortung und Augenmaß notwendig

ND vom 11.11., S. 15

Kölner Erzbischof: Zu Hause bleiben und Hand anlegen
Wachsende Zahl von Rückkehrern in die DDR registriert

ND vom 11.11., S. 15

Vogel: Nicht als »Belehrende« benehmen

ND vom 11.11., S. 15

Die Heimat mal von der anderen Seite sehen, dann wieder nach Hause
Gespräche und Beobachtungen an der Grenze bei Marienborn

ND vom 11.11., S. 16

Nur noch wenige wollen für immer aus der DDR weg

ND vom 11.11., S. 16

Grenzübergang Hirschberg: Ampeln stehen auf Grün

ND vom 11.11., S. 16

Stippvisite zur Reeperbahn und wieder zurück zur Arbeit
Schnelle Abfertigung am Kontrollpunkt Zarrentin

ND vom 11.11., S. 16

»Test the West« an der Grenzübergangsstelle Drewitz-Dreilinden

Der 64. Tag

Sonntag, 12. November

Transitverkehr bricht zusammen
Wartezeiten bis zu elf Stunden

Der Tagesspiegel vom 12. 11., S. 1

Innenstadt für Verkehr gesperrt
U-Bahn-Linien zeitweise eingestellt
... Schätzungsweise 500 000 DDR-Bürger waren nach Auskunft der Polizei gekommen

Der Tagesspiegel vom 12. 11., S. 1

Lange Schlangen auch vor den neuen Übergängen in Ost-Berlin
Grenzsoldaten verzichten nahezu völlig auf Kontrollen

Der Tagesspiegel vom 12. 11., S. 1

Erstmals kam kein DDR-Übersiedler mehr über Ungarn in den Westen
Auch an der CSSR-Grenze werden kaum noch Flüchtlinge gezählt

Der Tagesspiegel vom 12. 11., S. 2

Hochstimmung im Sonderzug nach »Wessiland«

Mauerdurchbruch am Potsdamer Platz

Der 65. Tag

Montag, 13. November

Politbüro schlägt außerordentlichen Parteitag vor

ND vom 13. 11., S. 1

Weiteres Telefongespräch Egon Krenz – Helmut Kohl
Alle auftretenden Fragen jetzt in gemeinsamer Verantwortung klären
Baldige persönliche Begegnung zwischen Krenz und Kohl verabredet

ND vom 13. 11., S. 1

Hunderttausende nutzten die neuen Reiseregelungen der DDR

- Über vier Millionen Visa für Privatreisen in 72 Stunden von Volkspolizei erteilt
- Momper: Die Bundesregierung sollte ihre Wiedervereinigungsträume aufgeben
- Gefährliche Provokationen am Brandenburger Tor gegen Grenztruppen der DDR

ND vom 13. 11., S. 1

USA-Außenminister:
DDR-Maßnahmen sind überzeugend

ND vom 13. 11., S. 1

Die Pressestelle des Ministerium des Innern teilte am Sonntag mit, daß die in der BRD sowie in Berlin (West) verbreiteten Gerüchte und Spekulationen über die angebliche Aufhebung der bestehenden Festlegungen für Reisen in und durch die DDR für Bürger der BRD und Einwohner von Berlin (West) jeglicher Grundlage entbehren.
ND vom 13. 11., S. 2

Der Demokratische Block arbeitet wie nie zuvor
ND-Interview mit Günter Schabowski zur Volkskammertagung

ND vom 13. 11., S. 2

»Prawda«: Entscheidung der DDR ist ein kühner und kluger Schritt

ND vom 13. 11., S. 5

DRK-Gesellschaften beider deutscher Staaten im Gespräch: Nicht nur Heimweh und Enttäuschung sind Gründe für Rückkehr in die DDR
In Hirschberg, Wartha, Marienborn und Zarrentin öffnen Mittwoch Betreuungszentren

ND vom 13.11., S. 5

Regierender Bürgermeister von Berlin (West): »Eklatantes Versagen« Kohls

ND vom 13.11.,S. 5

Lothar Späth warnt vor Einmischung in die DDR

ND vom 13.11., S. 5

SPD-Politiker Voscherau weist »Anschlußgehabe« zurück

ND vom 13.11., S. 5

Montagsdemo in Leipzig für freie Wahlen, Reisefreiheit und Stadtsanierung

Der 66. Tag

Dienstag, 14. November

Stimmauszählung für die Wahl des neuen Volkskammerpräsidenten

11. Tagung der Volkskammer

Oberste Volksvertretung diskutierte die politische Lage in der DDR
Dr. Günther Maleuda (DBD) neuer Volkskammerpräsident / Dr. Hans Modrow (SED) zum Vorsitzenden des Ministerrates gewählt und mit der Bildung der Regierung beauftragt
Hans Jendretzky (FDGB-Fraktion) leitete als zweitältester Abgeordneter den ersten Teil der Tagung. Er teilte mit, daß der Präsident der Volkskammer, Horst Sindermann, der Stellvertreter des Präsidenten, Gerald Götting, sowie alle Mitglieder des Präsidiums zurückgetreten sind.
ND vom 14. 11., S. 1

Außerordentlicher Parteitag von 11. ZK-Tagung einberufen

Egon Krenz begründete Vorschlag / Beschluß entspricht einer großen Anzahl von Briefen, Anträgen und Stellungnahmen der Parteibasis
Tagesordnungspunkt 1 des außerordentlichen Parteitages vom 15. bis 17. Dezember: Zur aktuellen Lage und den Aufgaben der Partei, Referent: Generalsekretär des ZK der SED, Genosse Egon Krenz
ND vom 14. 11., S. 1

Fast eine Million DDR-Bürger reisten am Wochenende in die BRD
Zunehmendes Interesse von Übergesiedelten an Rückkehr

ND vom 14. 11., S. 2

87 Prozent der Befragten: »Ich bleibe bestimmt hier«
Erstmals Ergebnisse einer Meinungsumfrage vorgestellt

ND vom 14. 11., S. 2

Im Lehr- und Ausbildungsjahr 1989/90 findet für Lehrlinge keine vormilitärische Ausbildung und keine Sanitätsausbildung in der Zivilverteidigung mehr statt.
ND vom 14. 11., S. 2

In Washington und London:
Zurückhaltung bis Ablehnung zu Wiedervereinigungsgerede
dpa über Reaktionen auf im Westen entfachte Diskussion

ND vom 14. 11., S. 5

Die Grünen:
Normalisierung nur auf Basis akzeptierter Zweistaatlichkeit

ND vom 14. 11., S. 5

Ein neues Loch im Eisernen Vorhang zwischen Wernigerode und Bad Harzburg

Der 67. Tag

Mittwoch, 15. November

Koalitionsverhandlungen im Staatsrat der DDR
Hans Modrow legte Konzeption für neue Regierung vor

ND vom 15.11., S. 1

Bezirk Magdeburg hält 2000 Betten für Rückkehrer bereit
Ratsvorsitzender Siegfried Gründwald sprach mit Niedersachsens Ministerpräsident Dr. Hans Albrecht

ND vom 15.11., S. 1

SPD-Politikerin Heide Pfarr:
Bonn schuldet der DDR 22 Milliarden DM

ND vom 15.11., S. 1

Grüne in der BRD:
Staatsbürgerschaft der DDR muß anerkannt werden

ND vom 15.11., S. 1

»Nürnberger Nachrichten«:
Kanzler klammert sich an gestrige Positionen

ND vom 15.11., S. 5

Walter Momper warnt vor »Okkupationsmentalität«

ND vom 15.11., S. 5

Otto Wolff von Amerongen:
Der Markt der DDR bleibt für die BRD-Unternehmer interessant
BDI als Vertreter von 100000 Firmen will Kooperation

ND vom 15.11., S. 5

Galinski warnt vor rechtsextremen Kräften

ND vom 15.11., S. 5

»Mit dem Herzen in Dresden«
Korrespondentenbericht der BRD-Nachrichtenagentur dpa zu Übersiedlern aus der DDR

ND vom 15.11., S. 5

Der 68. Tag

Donnerstag, 16. November

DRK im Einsatz für Rückkehrer
Helfer in Bereitschaft / Unterkünfte vorbereitet / Zusammenarbeit mit DRK der BRD

ND vom 16.11., S. 1

Momper: Die DDR hat ein Patronat nicht nötig

ND vom 16.11., S. 1

Am heutigen Donnerstag nimmt ein Konsultations- und Informationszentrum des ZK der SED seine Tätigkeit auf. Das Zentrum soll für mehr Demokratie und Öffentlichkeit im Leben unserer Partei wirken.
ND vom 16.11., S. 1

In eigener Sache

Unsere Leser finden in dieser Ausgabe auf der Seite 2 ein verändertes Impressum. »Neues Deutschland« steht ab heute unter einer neuen Leitung...
ND vom 16.11., S. 1

Alle personengebundenen Jagdgebiete jeglicher Art sind aufzulösen. Alle Sonderjagdgebiete, die durch die Organe der Kreise und Bezirke eingerichtet wurden, oder Sonderregelungen für bestimmte Personen in bestehenden Jagdgesellschaften sind mit sofortiger Wirkung aufzulösen bzw. aufzuheben. Das sieht eine sofortige Verfügung des amtierenden Landwirtschaftsministers und Leiters der Obersten Jagdbehörde, Bruno Lietz, vor.
ND vom 16.11., S. 2

BRD-Präsident Richard von Weizsäcker:
Gemeinsame Verantwortung beider deutscher Staaten für den Entspannungsprozeß

ND vom 16.11., S. 5

Ministerpräsident Rau:
Bevormundung braucht die DDR am wenigsten

ND vom 16.11., S. 5

Willy Brandt gegen alle Dogmen im Verhältnis zur DDR

ND vom 16.11., S. 5

BRD-Handelsverband: Restriktionen aufheben

ND vom 16.11., S. 5

Beziehungen zur DDR im Gespräch
Im Weißen Haus mehr Fragen als Antworten

ND vom 16.11., S. 5

Der 69. Tag

Freitag, 17. November

Erneuerung berührt nicht Bündnispflichten der DDR
Egon Krenz empfing Armeegeneral Pjotr Luschew

ND vom 17.11., S. 1

Zustimmung für Vorschläge von Ministerpräsident Modrow
Empfehlung für Verfassungsänderung und Wahlgesetz

ND vom 17.11., S. 1

Eine Sitzung der Fraktion der SED in der Volkskammer fand am Donnerstag statt. Wie mitgeteilt wurde, schlug der Generalsekretär des ZK, Egon Krenz, der Fraktion vor, daß folgende Abgeordnete aus verschiedenen Gründen ihr Mandat niederlegen: Hans Albrecht, Hermann Axen, Hans-Joachim Böhme, Johannes Chemnitzer, Friedrich Dickel, Horst Dohlus, Kurt Hager, Joachim Herrmann, Erich Honecker, Margot Honecker, Günther Kleiber, Werner Krolikowski, Ingeburg Lange, Erich Mielke, Günter Mittag, Erich Mückenberger, Gerhard Müller, Alfred Neumann, Alfred Rohde, Horst Schumann, Horst Sindermann, Willi Stoph, Ernst Timm, Harry Tisch, Werner Walde, Herbert Ziegenhahn, Heinz Ziegner.
ND vom 17.11., S. 1

Bahn befördert täglich 100000 Passagiere mehr
Geht Reiselust zu Lasten von Gütertransporten?

ND vom 17.11., S. 1

Tage des Wiedersehens, keine Tage der Wiedervereinigung
Erklärung des Regierenden Bürgermeisters Momper vor dem Westberliner Abgeordnetenhaus

ND vom 17.11., S. 1

Die Zentrale Parteikontrollkommission hat Maßnahmen zur Rehabilitierung derjenigen Genossen beschlossen, die wegen ihrer Kritik an Fehlern und Mißständen in der Wirtschaftspolitik, der Medienpolitik, des Verbots der Zeitschrift »Sputnik« usw. bestraft oder in anderer Weise gemaßregelt wurden.
ND vom 17.11., S. 2

DDR-Zöllner stellten Schmuggler auf frischer Tat
Versuche, grenzüberschreitenden Verkehr zu mißbrauchen

ND vom 17.11., S. 2

Plenum der Wissenschaftsakademie
Streichung von Ernst Bloch und Robert Havemann aus der Mitgliederliste der AdW wurde rückgängig gemacht

ND vom 17.11., S. 2

Außenminister der UdSSR: Öffnung der DDR-Grenzen ist im Sinne von Helsinki »Prawda«: Stabilität Europas dient Interessen der Völker

ND vom 17.11., S. 2

Jaruzelski: Polen begrüßt mit Genugtuung die Umgestaltung in der DDR

ND vom 17.11., S. 5

Japan bietet DDR erweiterte Lieferung von Ausrüstungen und Konsumgütern Wirtschaftsausschüsse beschlossen stärkere Kooperation

ND vom 17.11., S. 5

Polizeipräsident trug zur Aufhellung der Ereignisse im Oktober bei Aus der Arbeit der parlamentarischen Kommission / Bürger können sich an Büro wenden

... Am 7. und 8. Oktober habe es in Berlin insgesamt mehr als 1000 Zuführungen gegeben, informierte Generalleutnant Friedhelm Rausch, der sich »von überzogener Härte und undifferenziertem Herangehen« jedoch distanzierte. Inzwischen seien der Leiter der Berliner Schutzpolizei von seiner Funktion entbunden und gegen jene Leiter von Zuführungspunkten disziplinarische Maßnahmen eingeleitet worden, wo es zu Übergriffen gekommen ist. Bei einer Reihe VP-Angehöriger hätten sich Mängel im Umgang mit Bürgern gezeigt, so durch falsche Einstellung zur Aufgabe, ungenügende Rechtskenntnis und persönliches Versagen beim Wahren der Würde des Menschen.
ND vom 17.11., S. 8

Studentenprotest in Berlin

Der 70. Tag

Samstag, 18. November

12. Tagung der Volkskammer der DDR begann
Eine Regierung der Koalition, eines neu verstandenen kreativen Bündnisses
Regierungserklärung Hans Modrows / Nach Debatte Zustimmung durch alle Fraktionen

ND vom 18.11., S. 1

Fernsehinterview mit Egon Krenz:

Weder in Leipzig noch anderswo Demonstrationen behindern

Vor Beginn der Volkskammertagung am Freitag befragten Vertreter verschiedener internationaler Fernsehstationen Egon Krenz nach seiner Rolle bei der Verhinderung einer gewaltsamen Eskalation bei den Montagsdemonstrationen in Leipzig. Der Generalsekretär sagte: »Ich war in Leipzig und habe dort erklärt: Wir sind dafür, politische Konflikte auch nur politisch zu lösen. Und ich habe dort in Leipzig mitgeholfen, daß diese Dinge auch so gelöst worden sind«.

ND vom 18.11., S. 1

Drei Tage später:

Jochen Pommert, Sekretär der SED-Bezirksleitung Leipzig an Günter Schabowski: Seit einiger Zeit ist die Frage zu hören, weshalb und warum sich sechs Leipziger Persönlichkeiten am 9. Oktober 1989 mit ihrem Appell zur Besonnenheit, Vernunft, Gewaltlosigkeit, für den Dialog an die Leipziger und auch an die Regierung gewandt haben. Zu vernehmen sind auch Überlegungen, als haben sie mit Zustimmung anderer – mit wem und woher auch immer – gehandelt...

Es gab niemanden, der uns dazu beauftragt, bevollmächtigt oder gedeckt hätte. Hoffnung kam auf, als ich gegen 19.15 Uhr des 9. Oktober durch ein Telefonat erfuhr, daß Egon Krenz die Haltung der drei Sekretäre der Bezirksleitung unterstützt.

Was mich persönlich betrifft, so war ich mir durchaus im klaren darüber, daß ich unter den damals obwaltenden Umständen von meiner Partei hätte zur Verantwortung gezogen werden können. Nachfolgende Diskussionen im damaligen Sekretariat der Bezirksleitung bestätigten dies...

ND vom 21.11., S. 3

Drei Wochen später:

Der ehemalige DDR-Staats- und Parteichef Krenz hat eingeräumt, daß er entgegen früheren Behauptungen nicht eine drohende Konfrontation zwischen Demonstranten und Polizei Anfang Oktober in Leipzig verhinderte. Er habe lediglich einen vermittelnden Appell begrüßt, initiiert vom Leipziger Gewandhaus-Kapellmeister Masur vor der Kundgebung am 9. Oktober, sagte das nach eigenen Angaben »einfache Parteimitglied« Krenz am Rande des SED-Parteitages in Ost-Berlin.

Der Tagesspiegel vom 9.12., S. 7

Der neue Premier Hans Modrow (links) wenige Augenblicke vor seiner ersten Regierungserklärung

Egon Krenz reist am Dienstag zu Arbeitsbesuch nach Prag

ND vom 18.11., S. 1

USA: Prozeß in der DDR erhöht die Sicherheit aller / Schreiben von George Bush an Egon Krenz

ND vom 18.11., S. 1

BRD-Bundeskanzler Kohl: Niemand kann Interesse an einer Destabilisierung haben Bonner Sprecher zur Regierungserklärung Modrows

ND vom 18.11., S. 1

DDR ist zu umfassenden Beziehungen mit EG bereit Memorandum des Ministerpräsidenten in Paris überreicht

ND vom 18.11., S. 1

Gorbatschow: Wir begrüßen, was in der DDR geschieht

ND vom 18.11., S. 1

Der 71. Tag

Sonntag, 19. November

Korruption und Amtsmißbrauch in DDR werden untersucht
Generalstaatsanwalt bestätigt Übergriffe von Sicherheitskräften

Der Tagesspiegel vom 19. 11., S. 1

Ministerin kündigt Sofortmaßnahmen gegen Verfall der DDR-Mark an
Konvertierbare Währung als längerfristiges Ziel genannt

Der Tagesspiegel vom 19. 11., S. 1

Auf der ersten genehmigten Kundgebung des oppositionellen Neuen Forum ist gestern in Leipzig unter großem Beifall der Rücktritt von Egon Krenz gefordert worden. Während der Demonstration, die von der ARD live übertragen wurde, nannte einer der Forum-Sprecher den SED- und Staatsratsvorsitzenden vor mehreren zehntausend Personen einen »Wahlfälscher und Freund des chinesischen Terrors«

Der Tagesspiegel vom 19. 11., S. 1

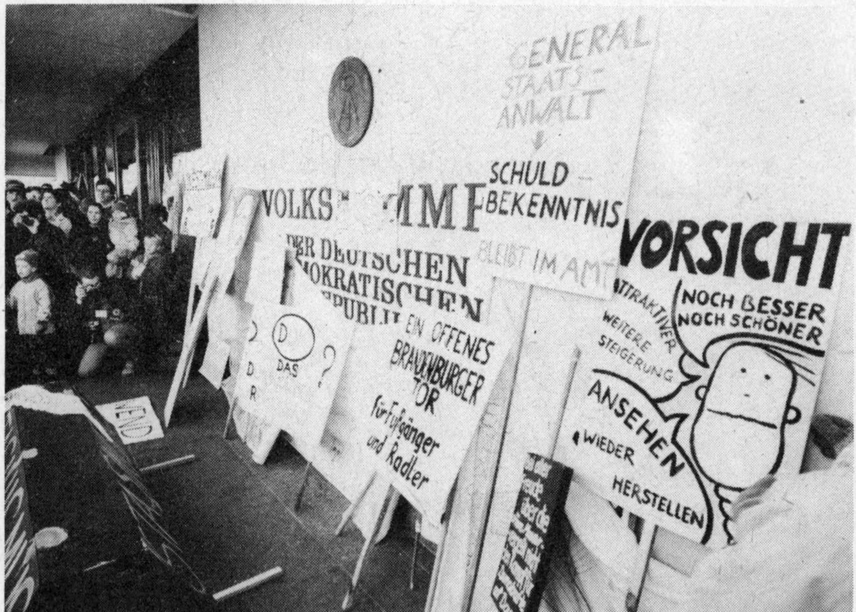

Symbolische Forderungen nach Meinungs-, Medien- und Versammlungsfreiheit vor der Volkskammer

Der 72. Tag

Montag, 20. November

Koalitionsregierung Modrow mit großer Mehrheit gewählt Volkskammer faßte Beschlüsse zur Entwicklung der Demokratie und der Rechtsstaatlichkeit / Generalstaatsanwalt berichtete

... Der Charakter der Demonstrationen zum 40. Jahrestag, sagte der Generalstaatsanwalt Wendland, mit denen das Volk die Politik der Erneuerung wollte und einleitete, wurde falsch eingeschätzt. Es wurde versucht, diese Demonstrationen mit polizeilichen Mitteln aufzulösen. Dabei wurden 3456 Personen zugeführt, darunter Unbeteiligte. Gegen 630 wurde ein Ermittlungsverfahren eröffnet, 296 von ihnen sind kurzzeitig inhaftiert worden. Im Zusammenhang mit diesen Zuführungen kam es zu Übergriffen durch Angehörige der Schutz- und Sicherheitsorgane, zu Gewalttätigkeiten und Verletzungen der Menschenwürde. 76 Ermittlungsverfahren wurden inzwischen eingeleitet, in einem Fall Anklage erhoben.

ND vom 20. 11., S. 1

Aus Wandlitz ausgezogen Besuch bei Egon Krenz in seinem Pankower Heim Antworten auf Fragen, die in diesen Tagen viele bewegen

ND vom 20. 11., S. 1

Kohl will Treffen mit Krenz noch in diesem Jahr

ND vom 20. 11., S. 1

Neue Regierung der DDR auf Verfassung vereidigt Egon Krenz beglückwünschte die Mitglieder des Kabinetts

ND vom 20. 11., S. 1

Egon Krenz: Grenzöffnung ist keine Wiedervereinigung Auftritte im sowjetischen und amerikanischen Fernsehen

ND vom 20. 11., S. 6

DDR-Außenminister: Wiedervereinigung steht nicht zur Debatte

ND vom 20. 11., S. 6

350 Westberliner Ärzte wollen in der DDR arbeiten

ND vom 20. 11., S. 6

Lambsdorff: Bevormundung kann nicht die Devise sein FDP-Vorsitzender für Unterstützung des DDR-Reformkurses

ND vom 20. 11., S. 6

Der 73. Tag

Dienstag, 21. November

Treffen mit BRD-Minister im Staatsrat

Für ein friedliches, geregeltes Miteinander von DDR und BRD
Egon Krenz und Hans Modrow gegenüber Rudolf Seiters: Stabilität in Beziehungen beider Staaten Voraussetzung für Stabilität Europas
ND vom 21. 11., S. 1

Mitterand besucht DDR nach dem SED-Parteitag

ND vom 21. 11., S. 1

Im November 1989: 100000 Bürger der DDR siedelten in die BRD über

ND vom 21. 11., S. 1

Schmuggler und Spekulanten auf frischer Tat gestellt

Ein polnischer Bürger versuchte über das Grenzzollamt Görlitz 100 Kilogramm Haselnüsse, 16 Angelruten, 26 Angelnetze und 60 Rollen Angelschnur illegal aus der DDR auszuführen. Ein anderer polnischer Bürger hatte 186 Süßtafeln und fünf Kilogramm Paprika im Gepäck, die man an der Zollstelle Linken fand. Am Bahnhof Berlin-Friedrichstraße fanden Zollbeamte bei zwei transitreisenden polnischen Bürgern zwei automatische Selbstladepistolen und 20 Stück Reizstoffpatronen.
ND vom 21. 11., S. 1

200000 Unterzeichner haben dem ersten Aufruf des NEUEN FORUM seit dessen Registrierung am 8. November ihre Zustimmung gegeben. Programm und Statut sollen auf der Gründungskonferenz des NEUEN FORUM am 27. Januar 1990 beschlossen werden.
ND vom 21. 11., S. 2

Besuch von Egon Krenz in der CSSR auf einen späteren Zeitpunkt verlegt

ND vom 21. 11., S. 2

Vorsitzender der FDP befürwortet Kontrollen an den deutsch-deutschen Grenzen

ND vom 21. 11., S. 5

500000 DDR-Bürger zu Wochenbeginn in der BRD und Berlin (West)

ND vom 21. 11., S. 5

Gewerkschafter in der BRD: Demokratischer Aufbruch ist auch im Westen notwendig
Wiedervereinigung steht nicht auf der Tagesordnung

ND vom 21. 11., S. 5

Der 74. Tag

Mittwoch, 22. November

Der Ministerpräsident kam unangemeldet in den EAW-Stammbetrieb
Hans Modrow tritt für eine Konferenz von Regierung und Generaldirektoren noch vor dem Parteitag der SED ein

ND vom 22.11., S. 1

Minister Seiters: Zu bewältigende Probleme gewaltig
Gespräche mit Kirchenvertretern und »Demokratischem Aufbruch«

ND vom 22.11., S. 1

Genscher: Jede Einmischung in Reformprozeß verhindern
BRD-Minister informierte in USA über Gespräche mit DDR

ND vom 22.11., S. 1

SPD-Juristen:
Staatsbürgerschaft der DDR muß anerkannt werden

ND vom 22.11., S. 1

Bundesinnenministerium:
Verstärkter Strom von Besuchern aus der DDR
Zahl der Übersiedler stieg seit 9. November auf 42000

ND vom 22.11., S. 1

IG Metall der BRD warnt vor Mißbrauch der DDR als Billiglohnland

ND vom 22.11., S. 5

Kanzleramtsminister Seiters aus Bonn:
BRD-Regierung muß richtige, notwendige Antworten geben
Gesprächspartner in der DDR verwiesen auf Souveränität

ND vom 22.11., S. 5

Neonazis gewinnen in der BRD zunehmend Einfluß auf das politische Geschehen
Demoskopen warnen vor starker Fremdenfeindlichkeit

ND vom 22.11., S. 5

Der 75. Tag

Donnerstag, 23. November

Genossen von Bergmann-Borsig Berlin:
Ohne SED gibt es bei uns keinen Sozialismus
6 Uhr früh: Egon Krenz im Werk / Viele Gespräche – eine Forderung: Es muß ein Parteitag der Offenheit werden

ND vom 23. 11., S. 1

Aktionsprogramm der SED verwirklicht
Politbüro: Für Dialog am »Runden Tisch«
Vorschlag an den Ministerrat zur 5-Tage-Woche in der Schule nach den Winterferien

ND vom 23. 11., S. 1

Vorwürfe gegen SED-Funktionäre widerrufen

ND vom 23. 11., S. 1

Hessische Gemeinde:
»Nazis raus aus unserer Stadt«
»Republikaner«-Zusammenrottung an der Grenze zur DDR

ND vom 23. 11., S. 1

Roh- und Brennstoffe aus der UdSSR für die DDR gesichert
Warenprotokoll 1990: Sowjetunion liefert nur 14000 PKW

ND vom 23. 11., S. 1

Der von der 12. Tagung der Volkskammer der DDR beschlossene zeitweilige Ausschuß der Volkskammer zur Überprüfung von Fällen des Amtsmißbrauchs, der Korruption, der persönlichen Bereicherung und anderer Handlungen, bei denen Verdacht der Gesetzesverletzung besteht, hat sich am Mittwoch konstituiert.

ND vom 23. 11., S. 2

Generalleutnant Dr. Wolfgang Schwanitz, Leiter des Amtes für Nationale Sicherheit: Wir haben in den 70er Jahren, als sich die oppositionellen Bewegungen zu entwickeln begannen, darauf hingewiesen, daß man dieser Erscheinung politisch begegnen muß. Leider hat die alte Führung das bis zuletzt nicht so gesehen. Das Gespräch mit Andersdenkenden wurde abgelehnt aus der Angst, das bedeute ihre Anerkennung. Übrig geblieben ist dann tatsächlich die administrative Bekämpfung.
ND vom 23. 11., S. 4

Modrow bekräftigt Willen zu neuem Kurs gegenüber BRD
»Sowjetskaja Rossija« sprach mit dem »Politiker neuen Typs«

ND vom 21. 11., S. 5

»Kennzeichen D« mit Oskar Lafontaine und DDR-Militärs aus Cottbus

FDP-Politiker warnt vor klugen Ratschlägen

ND vom 23. 11., S. 5

IG Metall: DDR-Bürgern keine Vorstellungen von außen aufdrängen

ND vom 23. 11., S. 5

Krenz in Moskauer Zeitung:
Wiedervereinigung steht nicht auf der Tagesordnung

ND vom 23. 11., S. 5

»Expreß«, Düsseldorf:
Übersiedler aus der DDR zunehmend mit sozialer Isolation konfrontiert
Kein Geld, seelische Not, keine Kontakte, Furcht vor Zuhältern und anderen Kriminellen

ND vom 23. 11., S. 5

Erneut wurden PKW aus der DDR demoliert

ND vom 23. 11., S. 5

Der Besucherstrom aus der DDR in die BRD ist am Mittwoch deutlich abgeebbt

ND vom 23. 11., S. 5

Der 76. Tag

Freitag, 24. November

Ministerrat beschloß Maßnahmen gegen Schieber und Spekulanten
Verkauf bestimmter Waren nur an DDR-Bürger und hier lebende und arbeitende Ausländer / Kontrollen in Geschäften / Verstärkung für Zöllner / Ab 5. März 1990 5-Tage-Woche in Schulen

ND vom 24. 11., S. 1

ND-Chefredakteur fragt Egon Krenz: Was will die SED?

ND vom 24. 11., S. 1

DEFA-Film »Spur der Steine« wurde wiederaufgeführt
Bewegende Premiere im Berliner Kino »International« mit Egon Krenz und Manfred Krug

ND vom 24. 11., S. 1

Manfred Krug und Egon Krenz auf der »Spur der Steine«, der Wiederaufführung eines jahrelang verbotenen DEFA-Films

Fürsorgliche Belagerung: Rentier Kurt Hager fühlt sich in der Prominentensiedlung Wandlitz plötzlich wie in einem Internierungslager

Berlin (West): Verständnis für stärkere DDR-Zollkontrollen
Gemeinsame Schritte gegen Schwarzhandel vorgeschlagen

ND vom 24. 11., S. 1

Günter Mittag aus den Reihen der Partei ausgeschlossen
Weitere Parteiverfahren eingeleitet / Parteimitgliedschaft von Walter Janka wird seit 1930 durchgehend anerkannt

ND vom 24. 11., S. 1

Hinter Zäunen und Sicherheitszonen erfragt und gesehen
Wie komfortabel lebte das Politbüro in Wandlitz?
Zum ersten Mal öffnete sich das Tor für DDR-Medien

ND vom 24. 11., S. 1

Wessen Interessen vertrat Harry Tisch?
Von einem Jagdherrn und »seinem« Eixener Wald

ND vom 24. 11., S. 5

Der 77. Tag

Samstag, 25. November

Treffen Hans Modrows mit Franz Vranitzky
DDR und Österreich erweitern ihre Zusammenarbeit in der Wirtschaft
Abkommen für 1990 signiert / Interesse an den Reformen in der DDR

ND vom 25.11., S. 1

Übergroße Mehrheit für eine sozialistische DDR

Meinungsumfragen zweier Berliner Soziologie-Institute
Für die Anerkennung der DDR-Staatsbürgerschaft durch die BRD: 76,9%
Für uneingeschränkte Reisemöglichkeiten: 94,1%
Welche Partei würden Sie jetzt wählen:
41,9% keine
31,5% SED
9,0% NEUES FORUM
7,9% LDPD
Welche Politiker finden Sie sympathisch:
41,9% Modrow
9,6% Krenz
4,7% Gerlach
32,2% keinen

ND vom 25.11., S. 1

Meinungsaustausch mit dem Ministerpräsidenten Hessens
Modrow und Wallmann berieten über Wirtschaft

ND vom 25.11., S. 2

Handelsverein beider deutscher Staaten beriet

ND vom 25.11., S. 5

Vorsitzender der SPD gegen Bedingungen für DDR-Hilfe
Vorschreiben von Termin für Wahl ist eine »Anmaßung«

ND vom 25.11., S. 5

Zurückhaltung in Kuba über die Entwicklung in der DDR
Bisher keine Erklärung der Partei- und Staatsführung

ND vom 25.11., S. 5

Haussmann für völlig neue Qualität der Zusammenarbeit
Wirtschaftsminister will rasch mit Amtskollegen sprechen

ND vom 25.11., S. 5

Gerhard Stoltenberg: Soldatentreffen zwischen BRD und DDR möglich

ND vom 25. 11., S. 5

Berlin (West): DGB ist besorgt über DDR-Schwarzarbeiter

ND vom 25. 11., S. 5

Fünf Varianten zum Thema Treppensturz

Ehemaliger VP-Obermeister erhielt Freiheitsstrafe

... Soviel Ungereimtheiten für den Betrachter. Doch das Gericht schien durchzusehen. Es entschied auf ein Jahr und zwei Monate Freiheitsentzug und entsprach somit mehr dem Antrag des Staatsanwalts (2 Jahre Freiheitsentzug) als dem der Verteidigung (Freispruch). Eine schwere körperliche Verletzung in der VP-Inspektion Berlin Prenzlauer Berg am späten Abend des 8. Oktober sei erwiesen.

ND vom 25. 11., S. 8

Seit Öffnung der innerdeutschen Grenze am 9. November kamen etwa 6,2 Millionen Besucher ins Bundesgebiet, davon blieben 46000 als Aussiedler.

Der Tagesspiegel vom 25. 11., S. 1

Als die Reisewelle gen Westen brandete, kam der Gütertransport zum Erliegen

Der 78. Tag

Sonntag, 26. November

An alle Bürgerinnen und Bürger der DDR!
... Während wir uns auf der Straße müde laufen oder in ergebnislosen »Dialogen« unseren Unmut abarbeiten, wird hinter verschlossenen Türen erneut ohne unsere Mitsprache über die Zukunft entschieden.

Das dürfen wir nicht hinnehmen, deshalb fordern wir:

- Schaffung eines »Runden Tisches« unter Einschluß der oppositionellen Gruppierungen mit Kontroll- und Entscheidungskompetenzen zur Vorbereitung aller Volkskammerbeschlüsse
- Sofortige Offenlegung aller Wirtschaftsdaten, insbesondere der Auslandsverschuldung, des Haushaltsdefizits und der Inflationsrate
- Transparenz in Wirtschaftsverhandlungen, Schaffung eines Devisenkontrollrates
- Sofortmaßnahmen gegen den Ausverkauf unseres Landes
- Währungsreform zu Lasten der Privilegierten
- Subventionsabbau mit Ausgleich durch Unterstützung sozial Schwacher

NEUES FORUM Leipzig am 26.11.

DDR will Devisenfonds mit drei Milliarden DM einrichten
Finanzministerin hält Kursverhältnis 1:4,4 für realistisch

Der Tagesspiegel vom 26.11., S. 1

Was immer man über Honecker sagen und denken mag, er ist sich jedenfalls treu geblieben, treu geblieben auch seinen falschen Idealen und Vorstellungen... Viele andere in der SED hatten einen anderen Lebensweg, sie hätten viel früher und weniger gebunden wählen können. Sie haben dies aber erst getan, als das Volk unter Berufung auf das Beispiel Gorbatschows gegen sie aufstand. Heute spielen sie Richter und sind doch in Wahrheit Mitbeschuldigte.

Der Tagesspiegel vom 26.11., S. 1

Wieder starker Besucherandrang
Mehrere hunderttausend DDR-Bürger unterwegs – Stichproben des Zolls

Der Tagesspiegel vom 26.11., S. 1

Der 79. Tag

Montag, 27. November

Plausch während der Mittagspause: Egon Krenz bei Kraftwerkern in Leipzig

Von dieser Stadt gingen Signale zur Erneuerung des Sozialismus aus
Egon Krenz im Gespräch mit Werktätigen auf der Straße, im Warenhaus und im Kraftwerk »Georgi Dimitroff« in Leipzig

ND vom 27.11., S. 1

Oskar Lafontaine:
Absage an eine einheitliche deutsche Staatsbürgerschaft

ND vom 27.11., S. 1

Infas-Umfrage:
Verständnis für Verlassen der DDR drastisch zurückgegangen

ND vom 27.11., S. 1

Reiseverkehr über die Grenze geringer als vor einer Woche
Verstärkte Zollkontrollen finden Verständnis der Bürger

ND vom 27.11., S. 2

BDI-Präsident Tyll Necker gegenüber ND:
Zusammenarbeit mit der DDR nicht an politische Forderungen knüpfen
Gespräche von Industrievertretern beider Länder befürwortet

ND vom 27.11., S. 5

Warschau protestierte gegen Maßnahmen der DDR
DDR-Botschafter erläuterte Beschluß seiner Regierung zum Schutz des Binnenmarktes

ND vom 27.11., S. 5

BRD: Haftbefehl gegen Markus Wolf bleibt bestehen

ND vom 27.11., S. 5

Egon Krenz in der »Financial Times«:
Konföderation in Zukunft nicht ausgeschlossen

ND vom 27.11., S. 5

Deutsches Institut für Wirtschaftsforschung (DIW):
Kein Anlaß zu einer DDR-Währungsreform

ND vom 27.11., S. 5

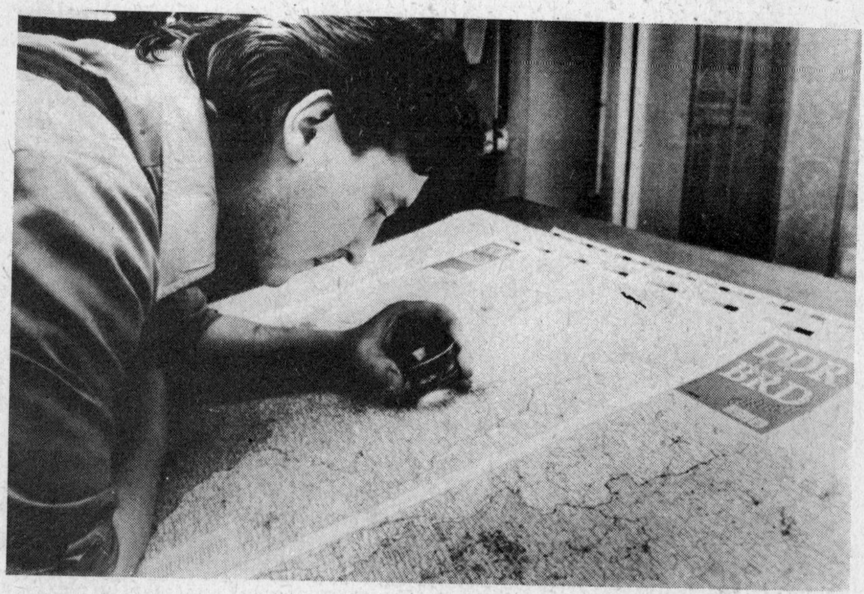

Andruck-Kontrolle für den neuen Karten-Hit »DDR-BRD aktuell« aus dem Verlagshaus Haak in Gotha

Der 80. Tag

Dienstag, 28. November

Für neues Verhältnis von Regierung und FDGB
Annelis Kimmel und Hans Modrow verständigten sich über den Plan für 1990 und zum Leistungsprinzip

ND vom 28.11., S. 1

Erschüttert über Krise – DKP begrüßt Wende
Gedankenaustausch zwischen Egon Krenz und Herbert Mies im Hause des Zentralkomitees

ND vom 28.11., S. 1

Späth kritisiert Bonner Politik gegenüber der DDR
Meßlatte für Wirtschaftshilfe nicht ständig höher hängen

ND vom 28.11., S. 1

Senat von Berlin (West):
Positive Perspektive im Zusammenleben mit der DDR
Unterstützung im wirtschaftlichen Bereich befürwortet
Kostenfreie Leistungen für Touristen werden abgeschafft

ND vom 28.11., S. 2

Neonazis wollen ein »blockfreies und bewaffnetes Deutschland«
Wiedervereinigung für »Republikaner« Ziel Nr. 1

ND vom 28.11., S. 5

CDU der BRD für zügige Gespräche über Devisenfonds
Erneut von der DDR Abkehr vom Sozialismus gefordert

ND vom 28.11., S. 5

FDP: Konfrontation durch Kooperation und Vertrauensbildung überwinden
Vorschriften für DDR über künftigen Weg abgelehnt

ND vom 28.11., S. 5

Der VP-Angehörige Horst L. war angeklagt, am 8. Oktober einen schuldlos zugeführten Bürger in der VP-Inspektion eine steile Treppe hinuntergestoßen zu haben. Das Stadtbezirksgericht Berlin-Prenzlauer Berg sprach ihm eine Freiheitsstrafe von einem Jahr und zwei Monaten aus. Die Verteidigung hat gegen das Urteil Berufung eingelegt, die Generalstaatsanwaltschaft von Berlin hat ebenfalls gegen das Urteil Protest eingelegt wegen der zu geringen Strafe und der fehlerhaften Feststellung des Sachverhalts.
ND vom 28.11., S. 8

Der 81. Tag

Mittwoch, 29. November

Noch haben wir die Chance einer sozialistischen Alternative zur BRD
Aufruf an alle Bürger unseres Landes: Bewahrt die Eigenständigkeit der DDR / Namhafte Persönlichkeiten fordern zu republikweiter Unterschriftensammlung auf

ND vom 29.11., S. 1

Demographische Konferenz der DDR
Seit 1961 verließen 800000 DDR-Bürger unser Land

ND vom 29.11., S. 1

Bremer Historiker: BRD schuldet DDR 727 Milliarden DM
Ausgleichszahlungen für Reparationen bisher vorenthalten

ND vom 29.11., S. 1

Wandlitzer »Sortiment« jetzt in Bohnsdorf
Verladene Waren – verladene Journalisten

ND vom 29.11., S. 1

Ein weiterer Fall von Amtsmißbrauch:
Willi Stophs »Residenz«
»Anwesen« im Naturschutzgebiet östlich der Müritz

ND vom 29.11., S. 3

Kohl für Zusammenarbeit – aber viele Vorbedingungen
Widersprüchliche Rede des BRD-Kanzlers vor dem Bundestag in Bonn

ND vom 29.11., S. 5

Polen will die Reformen in der DDR unterstützen
Schritte zum Schutz des Binnenmarktes jedoch verurteilt

ND vom 29.11., S. 5

Von Montag 4.00 Uhr bis Dienstag 4.00 Uhr haben sich in der BRD 2412 Übersiedler aus der DDR gemeldet. Nach Angaben des Bundesgrenzschutzes wurden seit dem 3. November etwa 110400 Übersiedler registriert.
ND vom 29.11., S. 5

»Ich kann Nancy nicht gebrauchen«
Die Mutter kam vom Westberlinbesuch nicht zurück / Derzeit 47 Kinder in Heimen

ND vom 29.11., S. 8

Demonstrative Tapezierfreude in Dresden – ein nachträglicher Gruß an den Perestroikaverweigerer Kurt Hager

Der 82. Tag

Donnerstag, 30. November

FDGB-Bundesvorstand stellt Positionspapier zur öffentlichen Debatte
Kongreß am 31.1. und 1.2.1990 / Arbeitssekretariat gewählt / Harry Tisch aus dem FDGB ausgeschlossen

ND vom 30.11., S. 1

Egon Krenz an Initiatoren des Appells: Meine Unterschrift unter den Aufruf »Für unser Land«

ND vom 30.11., S. 1

Mit aller Strenge gegen Verletzungen des Statuts
ZPKK faßte auch Beschlüsse zur Rehabilitierung von Robert Havemann, Rudolf Herrnstadt und Lex Ende

ND vom 30.11., S. 1

Prof. Dr. h.c. mult. Manfred von Ardenne: Es ist der marxistischen Ideologie nicht gelungen, die Arbeitsmoral und den Leistungswillen der Bürger in diesen Staaten wirksam zu motivieren. Die marxistische Ideologie hat den Menschen, so wie er ist, das heißt seinen Egoismus, nicht genügend berücksichtigt und auch der völligen Veränderung der Lebensbedingungen in unserem Jahrhundert nicht Rechnung getragen. Weiter hat das Versagen der umfassenden Planwirtschaft mit ihren unvermeidbaren Marktlücken zu diesem Tiefstand wesentlich beigetragen.
ND vom 30.11., S. 3

Internationales Echo zu »10-Punkte-Programm zur Deutschlandpolitik« Bundeskanzler Kohls:
TASS: Anschlag auf die Souveränität der DDR
Walter Momper: Strategie zur Vereinnahmung des zweiten deutschen Staates
»Rude Pravo«: Gefahr für den Entspannungsprozeß in Europa
Dänischer Premier: Keine Vereinigung beider deutscher Staaten
Niederlands Ministerpräsident: Kohl-Plan begrüßt
»Svenska Dagbladet«: Kohls Plan bei den sozialistischen Politikern der DDR als Verunglimpfung aufgefaßt
Französischer Parlamentspräsident: Erklärung von Kohl sehr reserviert aufgenommen
»Liberation«: Eine Wiedervereinigung macht Angst

ND vom 30.11., S. 5

Finanzielles Sofortprogramm Nordrhein-Westfalens in Höhe von 20 Millionen DM für die DDR

ND vom 30. 11., S. 5

Krupp-Stiftung hilft DDR-Gesundheitswesen mit 3 Millionen DM

ND vom 30. 11., S. 5

Die heimliche Versuchung: innerdeutscher Devisenschmuggel

Der 83. Tag

Freitag, 1. Dezember

CSSR-Aktion 1968 aus heutiger Sicht nicht mehr zu akzeptieren
Pressekonferenz in Berlin mit dem Regierungssprecher
Beschlüsse des Ministerrates zur weiteren Umgestaltung

ND vom 1.12., S. 1

Außenminister Belgiens nach seinen Gesprächen
Gute Chancen für erfolgreiche Reformpolitik
Marc Eyskens sprach mit Egon Krenz, Hans Modrow, kirchlichen und anderen Kreisen

ND vom 1.12., S. 1

Egon Krenz zu Amtsmißbrauch und Korruption:
Aufdeckung der Fälle bis zum außerordentlichen Parteitag

ND vom 1.12., S. 1

Persönlichkeiten der BRD und der Schweiz:
Grund zum Respekt vor DDR-Bürgern

ND vom 1.12., S. 1

Rund 100000 Übersiedler in der BRD arbeitslos
Zahl sprunghaft erhöht

ND vom 1.12., S. 1

Generalforstmeister Rudolf Rüthnick: In den Staats- und Sonderjagdgebieten, die personengebunden ehemaligen Mitgliedern der Partei- und Staatsführung wie Honecker, Mittag, Stoph, Mielke, Tisch, G. Müller zugeordnet waren, ist eine gründliche Untersuchung auf Amtsmißbrauch und Vergeudung von Volkseigentum durch die zuständigen Organe bereits eingeleitet, insbesondere durch die Staatsanwaltschaft.
ND vom 1.12., S. 2

Die Pressestelle des Generalstaatsanwalts der DDR hat am Donnerstag mitgeteilt, daß gegen den ehemaligen Vorsitzenden der IG Metall, Nennstiel, ein Ermittlungsverfahren eingeleitet wurde.
ND vom 1.12., S. 2

Walter Momper warnt vor »großdeutschen Träumen«
Wohlwollen über DDR-Aufruf »Für unser Land«

ND vom 1.12., S. 5

Grüne fordern Anerkennung der Souveränität der DDR

ND vom 1.12., S. 5

Sightseeing von Rostock nach Lübeck auch per Schiff

BRD-Handwerkspräsident erläuterte Vorhaben für Zusammenarbeit mit der DDR

VW-Stiftung will Unis in der DDR unterstützen

ND vom 1.12., S. 6

Ehrendoktorwürde für Günter Mittag von TU Dresden aberkannt

ND vom 1.12., S. 6

Demokratischer Aufbruch – NEUES FORUM – Sozialdemokratische Partei Leipzig: Die Vereinigung der beiden deutschen Staaten ist ein Thema: Aber für uns nicht das Thema Nr. 1 – jetzt! Warum sind wir auf die Straße gegangen?

- für die Entmachtung der SED-Herrschaft
- für Demokratie und Selbstbestimmung
- für eine Wirtschaftsreform, damit sich unsere Arbeit lohnt
- für Reisefreiheit, Meinungsfreiheit und Vereinigungsfreiheit
- für demokratische Reformen und eine neue Gesellschaft

Wer jetzt träumt: Heute Wiedervereinigung, morgen Mercedes, übermorgen Mallorca – wird schnell erwachen. Das Leben ist anders. Das wissen wir doch, in der Bundesrepublik und bei uns: Nichts fällt dem Volk in den Schoß, hier und dort. Die freie Selbstbestimmung in der DDR müssen wir erkämpfen. Wir selbst für uns. Und dann bestimmen wir mit Herz und Verstand über unser Vaterland...
Flugblatt vom 1.12.

Der 84. Tag

Samstag, 2. Dezember

Führungsrolle der SED wurde aus der Verfassung der DDR gestrichen
13. Tagung der Volkskammer / Untersuchungsausschuß erstattete Bericht / Abgeordnete empört über Amtsmißbrauch und Korruption / Reisegesetz in erster Lesung behandelt

ND vom 2.12., S. 1

Außerordentliche Tagung des ZK der SED am Sonntag

ND vom 2.12., S. 1

Prof. Biedenkopf:
BRD hat Pflicht zu Lastenausgleich an die DDR

ND vom 2.12., S. 1

Bundestag beschloß Etat mit Rekord-Rüstungslasten
Kohl 10-Punkte-Plan gegen SPD und Grüne durchgesetzt

ND vom 2.12., S. 1

Eine der bescheidenen Honecker-Datschen im Kreis Waren

Nach dreizehn Jahren Zwangsexil auf heimatlichem Boden: Wolf Biermann (links) und DDR-Kulturminister Dietmar Keller

Wolf Biermann:
Kein Lied vom Mond, aber eines von der DDR
Begegnung mit Minister Keller

ND vom 2.12., S. 1

Müritzkreis: Schleier um »Objekt Drewitz« gelüftet
Urlaubsstätte Erich Honeckers von Millionenwert

ND vom 2.12., S. 2

Durch die Kriminalpolizei des Bezirkes Erfurt wurde am Freitag gegen den ehemaligen Kandidaten des Politbüros des ZK der SED und 1. Sekretär der Bezirksleitung Erfurt, Gerhard Müller, ein Ermittlungsverfahren eingeleitet.
ND vom 2.12., S. 2

Der 85. Tag

Sonntag, 3. Dezember

Am Vorabend der heutigen Krisensitzung des Zentralkomitees (ZK) der SED haben gestern vor dem ZK-Gebäude in Ost-Berlin Tausende SED-Mitglieder in Sprechchören den Rücktritt des gesamten Politbüros gefordert. SED-Generalsekretär Krenz, der zu der Menge reden wollte, wurde ausgepfiffen. Offenbar resigniert verließ er nach nur wenigen Minuten den Platz am Mikrofon.
Der Tagesspiegel vom 3.12., S. 1

Modrow begrüßte Teile des Kohl-Plans
Noch kein Termin für Aufhebung des Zwangsumtausches geplant

Der Tagesspiegel vom 3.12., S. 1

Über zehn Millionen Besucher aus der DDR sind seit Öffnung der innerdeutschen Grenze am 9. November bis gestern in der Bundesrepublik eingetroffen.
Der Tagesspiegel vom 3.12., S. 1

Eine Summe in sechsstelliger Höhe haben DDR-Besucher seit dem 9. November den Auszahlungsstellen in Lübeck für zu Unrecht bezogenes Begrüßungsgeld zurückgezahlt. Es handele sich um die Rückgabe von ungerechtfertigten Zweitzahlungen.
Der Tagesspiegel vom 3.12., S. 1

Die Warschauer Behörden erwägen zur Zeit, die rund 32000 polnischen Bürger, die in der DDR arbeiten, zurückzurufen.
Der Tagesspiegel vom 3.12., S. 1

Menschenkette durch die Republik entlang der Fernverkehrstraße F 96

Nach der 12. ZK-Tagung von den Genossen ausgepfiffen: Politbüromitglied Günter Schabowski

Der neue Hoffnungsträger der Parteibasis, Rechtsanwalt Dr. Gysi

Der 86. Tag

Montag, 4. Dezember

»Neues Deutschland« erscheint ab heute als Zentralorgan der Sozialistischen Einheitspartei Deutschlands – nicht mehr als Organ des Zentralkomitees...
ND vom 4.12., S. 1

Entscheidungen zur Neuformierung unserer Partei Arbeitsausschuß zur Vorbereitung des außerordentlichen Parteitages gebildet

ND vom 4.12., S. 1

Delegiertenkonferenzen: Sofort Ordnung schaffen Mandate zum Parteitag wurden in geheimer Wahl vergeben

ND vom 4.12., S. 1

ZK der SED trat zurück

12 Mitglieder des ZK aus der Partei ausgeschlossen
Ehemaliges Zentralkomitee wird Rechenschaft ablegen

... Auf Vorschlag des Politbüros und im Ergebnis der bisherigen Untersuchungen der ZPKK beschließt das Zentralkomitee:
1. Hans Albrecht, Erich Honecker, Werner Krolikowski, Günther Kleiber, Erich Mielke, Gerhard Müller, Alexander Schalck-Golodkowski, Horst Sindermann, Willi Stoph, Harry Tisch, Herbert Ziegenhahn und Dieter Müller werden aus dem Zentralkomitee ausgeschlossen. Aufgrund der Schwere ihrer Verstöße gegen das Statut der SED und in Anbetracht zahlreicher Forderungen und Anträge von Kreisdelegiertenkonferenzen werden sie zugleich aus der SED ausgeschlossen.
2. Das Zentralkomitee erklärt seinen Rücktritt...
ND vom 4.12., S. 1

Kritik der Basis führte zum Rücktritt des Politbüros

ND vom 4.12., S. 1

Mittag, Tisch, Müller und Albrecht wurden verhaftet

ND vom 4.12., S. 1

Fahndung nach geflüchtetem Chef der Abteilung »Ko-Ko« Schalck-Golodkowski wurde seiner Ämter enthoben

ND vom 4.12., S. 1

Botschafter der DDR bittet Volk Polens um Verständnis Im Fernsehen Zoll- und Handelsmaßnahmen erläutert

ND vom 4.12., S. 1

DDR und VR Polen schlossen Verhandlungen zum Reiseverkehr und zum Zollregime ab

ND vom 4.12., S. 2

Ein Bürgerkomitee aus Kavelsdorf, Bezirk Rostock, bringt Waffenhandelskandal ans Tageslicht

Beschlagnahmtes und sichergestelltes Stasi-Archiv in Berlin

Bürgerinitiative enttarnte geheimes Waffenlager
Volkskammer soll gesetzwidrigen Handel unterbinden

ND vom 4.12., S. 2

Journalisten und Vertreter der Kirche bei Häftlingen
Sprecher übergaben Forderung nach Amnestie

ND vom 4.12., S. 2

Experten-Vorschläge sollen Zusammenarbeit fördern
Hessischer Ministerpräsident in Thüringer Bezirken

ND vom 4.12., S. 2

Besorgnis über Streikaufruf
Ein Tag Streik hieße: 2 Milliarden Mark Produktion fallen aus

ND vom 4.12., S. 2

Persönlichkeiten der BRD:
Aufruf gegen alle Versuche der Vereinnahmung der DDR
10-Punkte-Plan Kohls als nationalistisch abgelehnt

ND vom 4.12., S. 5

Lafontaine: Kohl-Plan diplomatischer Fehlschlag
SPD-Politiker Roth: »Blinde Flecken« im Kanzler-Konzept

ND vom 4.12., S. 5

FDP für schnelle Unterstützung des Demokratisierungsprozesses der DDR
Lambsdorff: CDU blockiert Entspannung und Abrüstung

ND vom 4.12., S. 5

Warschau will das Vorgehen der DDR nicht tolerieren
Regierung denkt an Konsequenzen aus neuer Lage

ND vom 4.12., S. 5

»Rzeczpospolita«:
Polen erwägt Abzug seiner Arbeitskräfte aus der DDR

ND vom 4.12., S. 5

dpa-Bericht über Probleme von Aus- und Übersiedlern
Fünf Quadratmeter Freiheit
250 Personen in einer Hamburger Turnhalle
Ein Privatleben gibt es hier nicht

ND vom 4.12., S. 5

Der 87. Tag

Dienstag, 5. Dezember

Arbeitsausschuß zur Vorbereitung des Parteitages
Eindringlicher Aufruf zu Ruhe, Besonnenheit und Gewaltlosigkeit
Tagesordnung des Parteitages und Themen der Arbeitsgruppen beschlossen

ND vom 5.12., S. 1

Keine Hinweise auf den Verbleib von Alexander Schalck

ND vom 5.12., S. 1

Modrow führte Gespräche mit Gorbatschow und Ryshkow

ND vom 5.12., S. 1

Untersuchungskommission von Regierung und Gruppen
Amtsmißbrauch und Korruption schonungslos aufdecken

ND vom 5.12., S. 1

Gefangenenrevolte im Bautzener Knast

BRD-Kanzleramtsminister: Veränderung an SED-Spitze berührt nicht Gespräche

ND vom 5.12., S. 1

Ehemaliger NDPD-Chef hatte Devisenkonto

ND vom 5.12., S. 2

Das Präsidium des CDU-Hauptvorstandes erklärte die Mitarbeit im Zentralen Demokratischen Block für sofort als beendet. Es erwartet den Rücktritt von Egon Krenz als Vorsitzender des Staatsrates und als Vorsitzender des Nationalen Verteidigungsrates.
ND vom 5.12., S. 2

CDU-Politiker: Kein Interesse an einem Ausbluten der DDR Patenschaften mit Betrieben, Gemeinden, Vereinen angeregt

ND vom 5.12., S. 5

Kohl will an Plänen für Reise in die DDR festhalten Kanzler vor der Presse: Kein Zeitmaß für Deutschland-Plan

ND vom 5.12., S. 5

»Zycie Warszawy« zu Gesprächen DDR – Polen: Worte des Bedauerns stimmen hoffnungsvoll

ND vom 5.12., S. 5

Sonderkonzert im Berliner Schauspielhaus für die Opfer des Stalinismus in der DDR

Der 88. Tag

Mittwoch, 6. Dezember

Gespräche Modrow – Seiters:
DDR und BRD vereinbarten gemeinsamen Fonds für Reisezahlungsmittel
Arbeitstreffen Modrow – Kohl am 19. Dezember

ND vom 6.12., S. 1

Modrow und Andriessen:
Neuansatz in den Beziehungen zwischen DDR und den EG

ND vom 6.12., S. 1

Stalinismus-Opfer geehrt
Bewegendes Sonderkonzert im Berliner Schauspielhaus

ND vom 6.12., S. 1

VW und IFA wollen Nachfolger für den Trabant bauen

ND vom 6.12., S. 1

Begegnung Krack – Momper

ND vom 6.12., S. 1

120000 Übersiedler in BRD offiziell arbeitslos
Zahl der Betroffenen in vier Wochen mehr als verdoppelt

ND vom 6.12., S. 1

Generalstaatsanwalt der DDR erklärte seinen Rücktritt, Ermittlungen gegen ehemals hohe Funktionäre eingeleitet, darunter neun ehemalige Mitglieder des Politbüros des ZK der SED

ND vom 6.12., S. 2

Anwalt Vogel wieder auf freiem Fuß

ND vom 6.12., S. 2

dpa meldete aus Tel Aviv:
Schalck-Golodkowski möglicherweise in Israel

ND vom 6.12., S. 5

Unterschiedliche Behandlung in Berlin (West):
Ostberliner Gäste werden bewirtet,
Obdachlose liegen auf der Straße

ND vom 6.12., S. 5

Erstes direktes Zusammentreffen der Bürgermeister von Ost- und Westberlin

Brandt schlägt Bildung eines »Deutschen Bundes« vor

ND vom 6.12., S. 5

Breit warnt vor einer Wiedervereinigungseuphorie

ND vom 6.12., S. 5

Hessen hilft Thüringen mit Sofortprogramm

ND vom 6.12., S. 5

Was sich im Rathaus Friedrichshain abspielte, ist nichts als Rufmord
Bürgermeister behält sich gerichtliche Schritte vor

ND vom 6.12., S. 8

Mit Wut und Bestürzung haben wie die Erklärungen von Kanzleramtsminister Seiters und Ministerpräsident Modrow zum Ergebnis ihrer Verhandlungen zur Kenntnis genommen... Die Regierung Modrow setzt die Politik der Destabilisierung und des Rettens der alten Machtstruktur fort und büßt somit ihre Berechtigung vollends ein. Deshalb sehen wir uns gezwungen, der Regierung Modrow unser Mißtrauen auszusprechen.
Presseerklärung Nr. 2 der Initiativgruppe für eine Vereinigung der Linken »Böhlener Plattform«, Leipzig vom 6.12.

Presseerklärung Nr. 1 der Initiativgruppe zur Vereinigung der Linken »Böhlener Plattform« Leipzig: Die Initiativgruppe begreift sich als aktiver Teil des DDR-weiten basisdemokratischen Projekts »Vereinigte Linke«... Erstmals soll es möglich sein, daß Linke, ob in der SED organisiert, parteilos oder autonomen Gruppen der unterschiedlichen Richtungen zugehörig, ohne jede Diskriminierung und gleichberechtigt miteinander zu arbeiten beginnen...
Flugblatt vom 6.12.

Der 89. Tag

Donnerstag, 7. Dezember

Außerordentlicher Parteitag beginnt schon diesen Freitag
Eindeutiger Bruch mit stalinistischem System und Machtmonopol soll vollzogen werden

ND vom 7.12., S. 1

Regierung der DDR ruft zu Ruhe und Besonnenheit auf

ND vom 7.12., S. 1

Manfred Gerlach übernahm amtierend Vorsitz des Staatsrates
Egon Krenz erklärte seinen Rücktritt / Mitteilung der Pressestelle des Staatsrates

ND vom 7.12., S. 1

Egon Krenz: Meine mehrjährige Mitgliedschaft im Staatsrat und im Politbüro unter Führung Erich Honeckers minderte bei nicht wenigen Bürgern die Glaubwürdigkeit der von mir vertretenen Politik der Erneuerung des Sozialismus. Vertrauen im Volk aber ist die erste Voraussetzung für die Ausübung der Funktion des Vorsitzenden des Staatsrates. Inzwischen sind Ereignisse eingetreten, die zum Zeitpunkt meiner Wahl zum Vorsitzenden des Staatsrates nicht vorauszusehen waren. Im Interesse der Stabilität der DDR und der notwendigen revolutionären Erneuerung unseres Landes trete ich von meiner Funktion als Vorsitzender des Staatsrates und Vorsitzender des Nationalen Verteidigungsrates der DDR zurück.

ND vom 7.12., S. 1

Willy Brandt rief in Rostock zur Besonnenheit auf

ND vom 7.12., S. 1

Seiters sieht Durchbruch in den Beziehungen DDR – BRD
Bundeskanzlerbesuch liegt im gemeinsamen Interesse

ND vom 7.12., S. 1

Daimler-Benz-Chef:
DDR-Wirtschaft hat gute Chancen

ND vom 7.12., S. 1

Weitere Projekte im Luftverkehr
Hans Modrow und Lufthansa-Chef berieten engere Zusammenarbeit

ND vom 7.12., S. 1

Unterricht an Sonnabenden ab sofort ausgesetzt

ND vom 7.12., S. 1

CDU, DBD, LDPD, NDPD haben ihr Mitwirken im Demokratischen Block beendet. Es ist also eine Tatsache: Was im ersten Nachkriegsjahr als antifaschistisch-demokratisches Bündnis begann, der Block ist zerbrochen...
ND vom 7.12., S. 2

DDR erweiterte Fanggebiet in Lübecker Bucht für BRD-Fischer

ND vom 7.12., S. 2

Eine notwendige Ergänzung zum Toeplitz-Report: Fürstensuiten nicht nur für SED-Obere...

ND vom 7.12., S. 2

ABI-Kontrolleure verfolgen jede Spur von Korruption
Harry Tisch organisierte sich Ferienreise zum Nulltarif

ND vom 7.12., S. 2

Erich Mielke hat Hauptverantwortung für die Oktoberüberfälle in Berlin
Erschütternder Augenzeugenbericht eines Bereitschaftspolizisten wurde vorgetragen

ND vom 7.12., S. 8

Trophäensammlung des nunmehr inhaftierten Hobbyjägers Günter Mittag

Der 90. Tag

Freitag, 8. Dezember

Erste Runde beim Runden Tisch in Berlin absolviert
Nach kontroverser Debatte Konsens zu neuer Verfassung und Wahltermin
Gemeinsame Erklärung der 14 Parteien und Gruppierungen im Bonhoeffer-Haus

ND vom 8.12., S. 1

Regierung appelliert erneut, Probleme gewaltlos und im Dialog zu lösen
Modrow: Wir können keinen gesetzlosen Zustand schaffen
Dank an Werktätige / Kooperation mit Bürgerinitiativen / Maßnahmen zur Wiederherstellung der Ordnung

ND vom 8.12., S. 1

Landeskirche Sachsens ruft zur Besonnenheit auf

ND vom 8.12., S. 1

Keine Amnestie bei Verdacht auf Korruption und Amtsmißbrauch

ND vom 8.12., S. 1

Schalck-Golodkowski in der Haftanstalt Moabit
Generalstaatsanwalt Westberlins prüft Zuführung an DDR

ND vom 8.12., S. 1

Auf einer außerordentlichen Plenarsitzung der Akademie der Wissenschaften der DDR wurden Erich Honecker, Willi Stoph, Günter Mittag und Kurt Hager die Ehrenspange der Akademie der Wissenschaft, die nicht mit einer Dotation verbunden war, aberkannt.
ND vom 8.12., S. 2

Prof. Dr. Dr. Lothar Kolditz hat seinen Rücktritt von der ehrenamtlichen Funktion des Präsidenten des Nationalrates der Nationalen Front erklärt.
ND vom 8.12., S. 2

Bundesregierung besorgt über zunehmende Aggressivität in der DDR

ND vom 8.12., S. 5

Premier Hans Modrow gegenüber Kyodo:

Die DDR hat großes Interesse an der japanischen Hochtechnologie
Regierungschef für Beseitigung von COCOM-Liste
ND vom 8.12., S. 5

Der 91. Tag

Samstag, 9. Dezember

In außergewöhnlicher Lage Freitagabend zusammengetreten
Sonderparteitag vollzog den endgültigen Bruch mit der stalinistischen Vergangenheit
Lagebericht Hans Modrow / Referat Gregor Gysi zur Formierung einer neuen Partei / Diskussion bis in die Nacht

ND vom 9.12., S. 1

Der Generalstaatsanwalt der DDR hat Ermittlungsverfahren gegen Erich Honecker, Erich Mielke, Willi Stoph, Günther Kleiber, Werner Krolikowski und Hermann Axen eingeleitet. Ihnen wird vorgeworfen, durch Amtsmißbrauch und Korruption die Volkswirtschaft der DDR schwer geschädigt und sich persönlich bereichert zu haben...

Die Festnahmen der genannten Personen sind bis auf Honecker und Axen erfolgt. Honecker ist weder vernehmungs- noch haftfähig, weil – wie ärztlich bestätigt – schwer erkrankt. Axen befindet sich zu einer Augenoperation in Moskau...
ND vom 9.12., S. 1

Verfahren gegen Gerald Götting

Ihm wird vorgeworfen, finanzielle Manipulationen zum Nachteil sozialistischen Eigentums begangen zu haben...
ND vom 9.12., S. 1

Regierungsbeauftragte in allen Bezirken eingesetzt
Sichergestelltes Schriftgut wird sachgemäß geprüft

ND vom 9.12., S. 1

Evangelische Kirchenleitungen:
Trotz Zorns nicht in Haß und Rachegedanken verfallen

ND vom 9.12., S. 1

Salzgitter-Angebot zur Modernisierung der Stahlindustrie

ND vom 9.12., S. 1

Mit der Vereinbarung, sich am 18. Dezember 1989 zum zweitenmal am Runden Tisch zusammenzufinden, ging am Freitag früh gegen 1 Uhr die erste Zusammenkunft dieses Gremiums zu Ende. Zuvor hatten sich die Teilnehmer in vierstündiger Debatte geeinigt, der Volkskammer als Termin für die nächsten Wahlen den 6. Mai 1990 zu empfehlen sowie die Ausarbeitung einer neuen Verfassung vorzuschlagen.
ND vom 9.12., S. 2

Erklärung des Ministers für Justiz: Es häufen sich Erscheinungen, daß Richter, staatliche Notare oder Justizsekretäre diffamiert werden und Angriffen ausgesetzt

Neue Besen kehren gut – Linksanwalt Gregor Gysi wird als neugewählter Vorsitzender der SED-PDS beglückwünscht

sind. Verhandlungen vor den Gerichten werden gestört, ausgesprochene Entscheidungen negiert, die Rechtmäßigkeit von Beurkundungen bei den Staatlichen Notariaten wird angezweifelt, Vollstreckungshandlungen – z. B. zur Durchsetzung von Unterhaltsansprüchen von Kindern – werden unterbunden. Solche Handlungen sind entschieden zu verurteilen...

Wir appellieren an alle Parteien, gesellschaftliche Organisationen, Bürgergruppierungen und an alle Bürger, die ordnungsgemäße Arbeit der Gerichte und Staatlichen Notariate im Interesse einer uneingeschränkten Sicherung der Rechte der Bürger... zu gewährleisten.
ND vom 9.12., S. 2

Seit einigen Tagen werden zur Gewährleistung von Ordnung und Sicherheit die örtlichen Dienststellen des Amtes für Nationale Sicherheit in Abhängigkeit von der operativen örtlichen Lage durch Angehörige der Deutschen Volkspolizei gesichert.
ND vom 9.12., S. 2

BRD-Regierungssprecher: Vorbereitungen des Besuchs von Kohl in vollem Gange Wirtschaft und Vertragsgemeinschaft sind Hauptthemen

ND vom 9.12., S. 5

Lafontaine: Weggehen nicht länger honorieren

ND vom 9.12., S. 5

Schönhuber will auch in DDR »Republikaner« installieren Zulassung der extremen Rechten zu Wahlen gefordert

ND vom 9.12., S. 5

Der 92. Tag

Sonntag, 10. Dezember

Gregor Gysi neuer SED-Vorsitzender
Partei entschuldigt sich für die Verfehlungen früherer Funktionäre

Der Tagesspiegel vom 10. 12., S. 1

EG erkennt Recht der Deutschen auf Einheit an
Straßburger Gipfel verabschiedete Erklärung zu Veränderungen in Osteuropa
Gründung einer europäischen Entwicklungsbank

Der Tagesspiegel vom 10. 12., S. 1

Neue Töne auf der Leipziger Montagsdemo

Der 93. Tag

Montag, 11. Dezember

Nach Parteitagsbeginn Fortsetzung am kommenden Wochenende
Parteivorsitzender Gysi: Hart arbeiten für die Rettung des Landes und unserer Partei
Hans Modrow, Wolfgang Berghofer, Wolfgang Pohl zu Stellvertretern gewählt / Einstimmig abgelehnt: Auflösung der Partei / Über den neuen Namen wird noch entschieden
SED entschuldigt sich beim Volk der DDR

ND vom 11.12., S. 1

Gorbatschow auf ZK-Plenum der KPdSU:
Die Sowjetunion wird die DDR nicht im Stich lassen
Zukunft wird im gesamteuropäischen Rahmen bestimmt

ND vom 11.12., S. 1

Demokratisierung braucht funktionierende Wirtschaft
Regierung beriet mit Führungskadern / Beherrschen der Ökonomie ist harter Kern der Sozialismuserneuerung

ND vom 11.12., S. 1

Kohl sieht »ganz elementare Veränderung in der DDR«
Politiker der BRD zu Ergebnissen des Sonderparteitages

ND vom 11.12., S. 1

Außerordentlicher FDGB-Kongreß für die gewerkschaftliche Erneuerung einberufen
Bundesvorstand und Arbeitssekretariat zurückgetreten / Komitee, dem kein früheres Präsidiumsmitglied angehört, ist neues Führungsgremium / Erklärungen an alle Mitglieder

ND vom 11.12., S. 2

Der ehemalige NDPD-Vorsitzende, Prof. Dr. Heinrich Homann, wurde wegen schwerer moralischer und politischer Schädigung des Ansehens der Partei durch Amtsmißbrauch zum persönlichen Vorteil aus der NDPD ausgeschlossen.
ND vom 11.12., S. 2

Verständigung über Formen gemeinsamen Wirkens
Hans Modrow sprach in Dresden mit Lothar Späth

ND vom 11.12., S. 2

Regionale Zusammenarbeit mit BRD-Bundesland erörtert
Begegnung zwischen DDR-Premier und Björn Engholm

ND vom 11.12., S. 2

Finanzministerin vor Abgeordneten
Defizit im Staatshaushalt steigt auf 17 Milliarden Mark

ND vom 11.12., S. 2

Bruch mit der machtpolitischen Überhebung der Partei, mit der Diktatur der Führung vollzogen
Als Dokument beschlossen: Bericht zur Diskussion auf dem ersten Beratungstag des außerordentlichen Parteitages

ND vom 11.12., S. 3

»Sowjetskaja Rossija«:
SED will eine moderne sozialistische Partei werden

ND vom 11.12., S. 11

Tausende in Berlin (West):
»Nie wieder Großdeutschland«
Demonstration gegen die Vereinnahmung und den Ausverkauf der DDR durch die BRD

ND vom 11.12., S. 11

Der sowjetische »Sputnik« nach einjährigem Verbot wieder auf Umlaufbahn in DDR-Zeitungskiosken

Der 94. Tag

Dienstag, 12. Dezember

Botschafter der vier Mächte trafen sich in Berlin (West)

ND vom 12.12., S. 1

Gorbatschow im Telefonat mit Gysi: Größte Aufmerksamkeit für Entwicklung der Beziehungen Souveränität der DDR betont / Bald persönliches Treffen

ND vom 12.12., S. 1

Seit Jahresbeginn: 317548 kehrten DDR den Rücken Im Dezember 17000 Übersiedler

ND vom 12.12., S. 1

Wirtschaftsminister der BRD befürworten rasche DDR-Hilfe Vielfältige und außergewöhnliche Anstrengungen nötig Unternehmerpräsident tritt für einen Milliardenkredit ein

ND vom 12.12., S. 1

Die Staatsanwaltschaft von Berlin (West) hat am Montag Ermittlungsverfahren gegen Übersiedler eingeleitet, die Kinder unversorgt in der DDR zurückgelassen haben, meldet dpa.
ND vom 12.12., S. 2

Entsprechend einer Anfrage auf der 13. Volkskammertagung zum Besitz von Pistolen durch leitende Funktionäre hat der Minister für Innere Angelegenheiten Maßnahmen zur sofortigen Einziehung der auf der Grundlage der Schußwaffenverordnung vom 26.3.1987 ehemals ausgegebenen Waffen festgelegt. Am gestrigen Montag konnte die Abgabe der Waffen einschließlich der für ihren legalen Besitz erteilten Erlaubnisse im wesentlichen abgeschlossen werden.
ND vom 12.12., S. 2

Die 10. Montagsdemonstration Leipziger Bürger zur demokratischen Erneuerung der Republik nach dem 7. Oktober vereinte über 100000 Menschen. Wegen der in den vergangenen Tagen durch neuaufgedeckte Fälle von Amtsmißbrauch und Bereicherung angewachsenen Spannung und Empörung der Bevölkerung warnten zahlreiche Demonstranten vor Selbstjustiz und ausufernden Übergriffen. Viele riefen zur Besonnenheit und demokratischem Verhalten auf... In Dresden beteiligten sich 90000 und in Karl-Marx-Stadt rund 40000 Bürger an Demonstrationen.
ND vom 12.12., S. 2

Der 95. Tag

Mittwoch, 13. Dezember

Erste internationale Pressekonferenz
Gysi: Unsere Partei will politische Heimat aller Werktätigen sein
Parteivorsitzender: Basis-Zustimmung zur Erneuerung

ND vom 13.12., S. 1

USA-Senator für Erhaltung der Souveränität der DDR
Meinungsaustausch mit Parlamentarier Robert Kerrey

ND vom 13.12., S. 1

VW: Noch 1989 Joint venture mit IFA

ND vom 13.12., S. 1

DDR-Premier und Momper für erweiterte Zusammenarbeit
Westberlin wird in Vertragsgemeinschaft einbezogen

ND vom 13.12., S. 1

USA an stabiler Entwicklung in der DDR interessiert
Hans Modrow traf mit Außenminister Baker zusammen

ND vom 13.12., S. 1

Bonner Wirtschaftsminister: Zusammenarbeit statt »Hilfe«
Wandel in der DDR ist auch für BRD-Unternehmen Impuls

ND vom 13.12., S. 1

Die Leipziger können für sich das Recht in Anspruch nehmen, mit ihren mutigen und friedlichen Montags-Demonstrationen die Perestroika in der DDR »auf die Schiene« gebracht zu haben. Auf der Kundgebung der 500000 auf dem Berliner Alexanderplatz schlug der Schriftsteller Christoph Hein vor, der Messestadt den Beinamen »Heldenstadt« zu verleihen. Das war vor sechs Wochen...

Seitdem hat sich das Bild gewandelt. Der Zug droht zu entgleisen.

Statt der Internationale wird das Deutschland-Lied angestimmt, statt »Wir sind das Volk« erschallt es: »Wir sind Deutsche«, einige fordern gar Deutschland in den Grenzen von 1937. Auf Transparenten steht: »Lieber Kohlplantage statt weiter sozialistische Versuchsfarm«. Morddrohungen werden ausgestoßen, Andersdenkende angepöbelt. »Rote aus der Demo raus!« singen sie aus voller Kehle...

Quo vadis, Leipzig?

ND vom 13.12., S. 1

Geöffnete Tore zur unbegrenzten Freiheit auch für 15 000 Amnestierte

Der 96. Tag

Donnerstag, 14. Dezember

Würdiger Abschluß der 89er Demos in Leipzig
Aufruf der Kirchen der Stadt und demokratischen Gruppierungen

ND vom 14.12., S. 1

19100 Soldaten arbeiten in der Volkswirtschaft
20000 Reservisten werden in Kürze entlassen

ND vom 14.12., S. 1

Kirchenvertreter gegenüber Modrow:
Advent und Weihnacht – Zeit der Mahnung und Hoffnung

ND vom 14.12., S. 1

SPD und SDP bilden Kontaktausschuß
Erstes offizielles Treffen beider Parteien / Vogel und Böhme informierten die Presse

ND vom 14.12., S. 2

Munition aus Kavelstorf in NVA-Bunker eingelagert

ND vom 14.12., S. 2

Einmütigkeit und vertrauensvolle Atmosphäre beim ersten offiziellen Treffen zwischen den sozialdemokratischen Schwesterparteien aus beiden deutschen Staaten

Nachahmenswertes Beispiel für Demokratie gegen BND und Verfassungsschutz: Leipziger Bürgerkomitee legt die Stasi-Abhöranlage lahm

BRD-Bundespräsident warnt vor Bevormundung der DDR Interview Richard von Weizsäckers für DDR-Fernsehen

ND vom 14.12., S. 5

Walter Momper: Interesse an Stabilität der Reformprozesse in der DDR Pressekonferenz zu Treffen mit Ministerpräsident Modrow

ND vom 14.12., S. 5

Kohl will intensiven und offenen Meinungsaustausch BRD-Sprecher informierte über DDR-Besuchsprogramm

ND vom 14.12., S. 5

Egon Bahr: Bakers DDR-Besuch war »Dämpfer« für Kohl

ND vom 14.12., S. 5

Mischnick warnt vor Anheizen der Debatte über Wiedervereinigung

ND vom 14.12., S. 5

Neonazis wollen in die Volkskammer einziehen

ND vom 14.12., S. 5

Der 97. Tag

Freitag, 15. Dezember

Wirtschaftskooperation DDR-BRD:
Gute Voraussetzungen, aber keine Wunder zu erwarten
Luft und Haussmann für gleichberechtigte Zusammenarbeit
Modrow: Nachbarn in Ost und West Sicherheit geben

ND vom 15.12., S. 1

Der DDR steht Ausgleich für Kriegsfolgen zu
Offener Brief von DDR-Bürgern an Bundeskanzler Helmut Kohl

ND vom 15.12., S. 1

Genossenschaftsbauern in diesen Tagen:
Aufhören, den LPG Vorschriften zu machen

ND vom 15.12., S. 1

DDR nahm Kontakt zum IWF auf
Arbeitsgespräche in Genf

ND vom 15.12., S. 1

In der DDR gibt es gegenwärtig 6221450 Christen. Das sind 37,4 Prozent der Gesamtbevölkerung. 5100000 gehören zum Bund der Evangelischen Kirchen in der DDR. Im Bereich der Berliner Bischofskonferenzen leben etwa 1050000 Katholiken. 71450 Christen gehören anderen Kirchen oder kirchlichen Gemeinschaften an.
ND vom 15.12., S. 2

Juso-Vorsitzende:
Abbruch der Kontakte der SPD zur SED »völlig unverständlich«

ND vom 15.12., S. 7

Alles tun, um die Ängste abzubauen
Aussagen von Betroffenen vor der Untersuchungskommission zu Ereignissen am 7./8.10.

ND vom 15.12., S. 7

Bei der Person, die am Abend des 4. Dezember mit einem vollen Geldkoffer am Haus der Elektroindustrie in Berlin vorläufig festgenommen wurde und später in der Untersuchungsanstalt Selbstmord beging, handelt es sich um einen Oberst des Amtes für Nationale Sicherheit.
ND vom 15.12., S. 8

Protestdemo vor der rumänischen Botschaft in Berlin

Gastredner auf dem außerordentlichen Parteitag der SED-PDS war auch der wieder eingebürgerte Rudolf Bahro.

Der 98. Tag

Samstag, 16. Dezember

Außerordentlicher SED-Parteitag setzt heute seine Beratung fort

ND vom 16.12., S. 1

Sonderparteitag der CDU in Berlin fordert:

Eine radikal erneuerte Partei muß sich mit klarem Profil dem Wahlkampf stellen und die Zukunft mitgestalten

Weitere Grundanliegen: Besinnung auf christliche Traditionen und Parteinahme für ein Europa in Frieden

Lothar de Maizière: Mut zur Buße und ehrlichen Konsequenz ist unabdingbar – Andacht in der Galiläa-Kirche vor Beratungsbeginn – Kontrovers geführte Aussprache – Berichte von Kommissionen und schriftliche Arbeitsinformation

Neue Zeit vom 16.12., S. 1

Lothar de Maizière: CDU soll Volkspartei mit christlichem Profil sein…

Für die praktische Politik unserer Partei halte ich es für wichtig, daß wir konkret sagen, welche sozialen Zielvorstellungen wir haben: Leistungsprinzip und Schutz der Schwachen, Subsidarität, also Aufbau des Staates und der Gesellschaft von unten und nicht von oben – z.B. ist die Familie wichtiger als die Schule –, z.B. ist sozialökologische Verantwortung der Wirtschaft nicht durch zentralistisches Diktat, sondern durch demokratische Kontrolle zu erwirken…

Das Selbstverständnis unserer Partei könnte unter die alte CDU-Wahlkampflosung von 1946 gestellt werden: Für Wahrheit und Recht. Nur diese beiden Grundwerte unseres christlichen Menschenbildes können aus der Vertrauenskrise dieser Wochen und Monate herausführen…

Neue Zeit vom 16.12., S. 3

Treffen Gysi – Jakowlew: In echter Gemeinsamkeit für demokratischen Sozialismus Kritische Bestandsaufnahme der Beziehungen

ND vom 16.12., S. 1

Persönlichkeiten der DDR: Dringlicher Appell zur Bewahrung der Freundschaft mit dem polnischen Volk

ND vom 16.12., S. 1

DDR-Ministerpräsident zum Treffen mit BRD-Bundeskanzler: Das Notwendige und Machbare vereinbaren Vertragsgemeinschaft stellt eine in die Zukunft weisende Konzeption dar

ND vom 16.12., S. 1

Finanzverstöße Göttings von rund 1,2 Millionen Mark

... von denen 650000 auf eine jährliche »Ausgleichszahlung« der Partei an Gerald Götting in Höhe von jeweils 50000 Mark für den Verlust der Einkünfte aus dem Wegfall der Bezüge als Volkskammerpräsident entfielen. Gerald Götting hatte unter Hinweis darauf, daß dies von Erich Honecker festgelegt worden sei, die Zahlung an sich angewiesen.

ND vom 16.12., S. 2

In Sachen »Jagd« muß endlich zum Halali geblasen werden
Anhörung im Untersuchungsausschuß der Volkskammer

... Laut Beschluß des ZK der SED vom 20.6.79 zu Staatsjagden wurde der Materialbedarf der 18 Gebiete jährlich festgelegt. Es ist kein Jägerlatein. 1990 waren unter der Fondsträgernummer 2496 geplant: u.a. 12,7 Millionen Mark (615 Arbeitskräfte)... Der Fahrzeugbestand: 195 Trabant, 66 Wartburg und Lada, 82 Niva, 69 B 1000. Ihr Scherflein trug die Staatliche Plankommission bei, indem sie die aus dem Staatshaushalt bereitgestellten Finanzmittel verschleierte...

Makaber die Hinweise über die Verletzungen moralischer und ethischer Prinzipien der Jagd durch einige Mitglieder der ehemaligen Führungsclique. So schoß man beispielsweise jährlich in der Schorfheide rund 800 Stück Rotwild, 800 Stück Schwarzwild, 400 Stück Damwild...

ND vom 15.12., S. 2

BRD-Arbeitsminister Norbert Blüm als bejubelter Ratgeber beim Gründungsparteitag des »Demokratischen Aufbruch« in Leipzig

Der 99. Tag

Sonntag, 17. Dezember

SED-Parteitag rechnet scharf mit dem Stalinismus ab

Honecker erklärt sich verantwortlich für entstandene Situation in der DDR / Zugleich Vorwurf des Machtmißbrauchs zurückgewiesen

... Die SED verschob am Abend die endgültige Entscheidung über ihren neuen Namen und gab sich vorläufig den Doppelnamen »Sozialistische Einheitspartei Deutschland – Partei des demokratischen Sozialismus«.

Der Tagesspiegel vom 17.12., S. 1

Der Bezirksstaatsanwalt Halle hat die Bezirksbehörde der Polizei angewiesen, ein Ermittlungsverfahren gegen Unbekannt wegen des dringenden Verdachtes der Wahlfälschung einzuleiten. Es handelt sich um einen ersten bekanntgewordenen Fall, bei dem die Polizei in einer DDR-Stadt konkrete Ermittlungen anstellt, um die Verantwortlichen für die Manipulation der Ergebnisse der Kommunalwahlen vom 7. Mai festzustellen...

Der Tagesspiegel vom 17.12., S. 1

Zur Schlichtung von Unruhen unter den politischen Häftlingen im DDR-Zuchthaus Bautzen II haben die Gefangenen gestern nach Informationen der WELT den Ostberliner Rechtsanwalt Wolfgang Vogel und den Beauftragten der Bundesregierung zur Lösung humanitärer Probleme, Staatssekretär Walter Priesnitz (CDU), gerufen...

Die Welt vom 17.12., S. 1

Gäste beim Weihnachtssingen in der Po tsdamer St. Nikolai-Kirche: DDR-Premier Modrow, Bundesprtäsident v. Weizsäcker und DDR-Staatschef auf Zeit Gerlach (v. l. n. r.)

Protest von Mitgliedern der DDR-CDU gegen die familiäre Vereinnahmung durch Kohls Schwesterpartei

Der 100. Tag

Montag, 18. Dezember

Ein Wochenende, zwei Orte, drei Parteitage:
Parteien auf Profilsuche

Junge Welt vom 18.12., S. 1

Amt für Nationale Sicherheit aufgelöst
Regierung Modrow beschloß Bildung eines Organs für Verfassungsschutz und eines Nachrichtendienstes der DDR

Junge Welt vom 18.12., S. 1

Neues Deutschland – Sozialistische Tageszeitung

ND vom 18.12., S. 1

Parteitag der SED-PDS setzte klare Zeichen:
Wir stellen uns der Pflicht, für dieses Land Verantwortung zu tragen
Parteivorsitzender Gregor Gysi: Neuer Anfang gemacht

Parteistatut und nächste Aufgaben beschlossen / Partei geht mit eindeutigen Aussagen in den Wahlkampf / Wir sind angetreten gegen rechts, für die Volksinteressen

ND vom 18. 12., S. 1

Schwere Geburt der Partei Demokratischer Aufbruch Programm nach langer Debatte beschlossen

Berliner Zeitung vom 18. 12., S. 1

Lothar de Maizière zum CDU-Vorsitzenden gewählt Sonderparteitag im Berliner »Kosmos« beendet

Berliner Zeitung vom 18. 12., S. 1

Zu einer Demonstration anläßlich des Kohl-Besuchs für den Erhalt der DDR, gegen Ausverkauf und Wiedervereinigung, rufen verschiedene gesellschaftliche Kräfte für Dienstag, 17 Uhr, auf dem Alexanderplatz auf. Zu den Initiatoren der Demonstration, die 18 Uhr auf dem Platz der Akademie in einer Kundgebung mündet, gehören Vertreter der Initiative »Für unser Land«, die Kirche von Unten, die Initiative Frieden und Menschenrechte, Studentische Anti-Wiedervereinigungsinitiativen Berlin, die Grüne Partei, die Initiative Vereinigte Linke, die Umweltbibliothek Berlin, Autonome Antifa, die Initiative für unabhängige Gewerkschaften, die Lila Offensive und andere.
Die Tribüne vom 18. 12., S. 1

Zweite Zusammenkunft von Regierungsparteien und Opposition am Runden Tisch

NOIR

Gerd Eggers

Herbstchronik 1989

1

Auf den Straßen,
auf den Bahnen
sehn wir unsere Jugend ziehn:
auf den Straßen,
die, die bleiben,
auf den Bahnen,
die, die fliehn.

2

Ihre Tochter auf dem Rücken
ist sie über Ungarn rüber
und ich weise Eule heule
in der Nacht,
hätten wir uns nicht gestritten,
wäre ich bloß mitgefahren,
hätte ich sie an den Händen,
an den Haaren hier nach Hause
heimgebracht.
Sicher wird sie Karten schreiben,
denn Erinnerungen bleiben,
wenn sie auch ganz sicher bald
darüber lacht.
Doch ich wünsch der dummen Pute
drüben alles, alles Gute,
doch ich weise Eule heule
in der Nacht.

3

Während sie oben
die Gläser erheben,
um sich hoch loben
und leben zu lassen,
müssen die Bürger
Bürgerkrieg proben,
sollen sie eben
einander hassen.
Uniformiert und
Zivilisiert
sind uninformiert
gegeneinander marschiert.

4

Dialoge nun auch hierzulande:
Gummiknüppel, oder Steine,
oder Angstschweiß in der Hand.

5

Die Blätter fallen,
die Blätter fallen,
die Blätter fallen von den
Mündern ab.

6

Schneeräumfahrzeuge kannten wir,
jetzt rollen Menschenräumfahrzeuge
durch unsere Straßen, vorsichtig,
um die Abfallkörbe nicht zu verletzen.

7

Wenn Staatssicherheit
die Unsicherheit der Bürger bedeutet,
bedeutet Bürgersicherheit
die Unsicherheit des Staates.

8

Die Diktatur
war nur
einen Steinwurf weit.
Als die Demonstranten
das erkannten,
sicherten sie
die Staatssicherheit.

9

Von klein auf Angst, Fehler zu machen,
von klein auf Angst, ein falsches Wort zu sagen,
von klein auf Angst, vor dem eigenen Lachen,
von klein auf Angst, nicht wie alle zu sein,
von klein auf Angst vor politischen Fragen,
von klein auf Angst, was Verrücktes zu wagen,
von klein auf Angst, bei verschlossenen Türen,
wie es hier hieß: WEG VOM FENSTER zu sein.

10

Wir hatten sie lange bewacht,
jetzt gehen sie, gehen, gehen,
sie gehen schnell und bedacht,
wir reden, reden, reden,
sagen: wir brauchen jetzt jeden.
Sie haben bitter gelacht.
Wir tagen, tagen, tagen.
Sie gehen auch in der Nacht.

11

Diese Kinder, jetzt sind sie wirklich
WEG VOM FENSTER, sie hatten sich zu lange
die Nasen an den Scheiben plattgedrückt.
Jetzt sind sie draußen. Vor der Tür.
Spielen selbstvergessen, toben wie verrückt.
Kommt, öffnen wir das Fenster, rufen raus:
He, ihr, ist Zeit zum Abendessen,
kommt endlich heim, nach Haus
und Händewaschen nicht vergessen!

12

Das Politbüro tritt zurück.
Bezirkssekretäre lassen sich abwählen.
Kreissekretäre schießen sich kopflos.

13

Wir sehen lange durch euch,
jetzt seid ihr WEG VOM FENSTER,
jetzt sehen wir durch,
jetzt sehen wir durch euch durch, Gespenster,
jetzt sehen wir erstmal weiter.

14

Jetzt wenden sich die Regierenden
dem Volke zu, Wende! rufen sie, Wende!
und das Volk, es wendet sich
ab.

15

Reime auf – wählen –
quälen
zählen
fehlen
Seelen
wählen
Kehlen!

16

Baut Stadien, baut Paläste, baut
Hörsäle, Opernhäuser, Wohnungs-
einheiten, aber
der GROSSE SAAL DES VOLKES
ist unter freiem Himmel
auf der gepflasterten, auf der
geteerten, auf der
nackten Erde.

17

Das Volk soll endlich nun
wieder seine Arbeit tun
höre ich, nicht soviel reden
und überhaupt runter von der Straße.
Hat es gestreikt?
An seinen Feierabenden
und an seinen Wochenenden
ging es, freilich unangemeldet
auf die Straße.
Und wenn hier wirklich
was Neues anfing,
dann nur, weil das Volk
auf die Straße ging.

18

Eine Handvoll sturer Greise
machte sich das Land zur Pfründe,
jetzt wolln sie verschwinden, leise,
doch wir müssen ihre Gründe
wissen, was hat sie bewogen,
uns, das Volk gering zu achten
und sie haben uns belogen,
bis wir fast uns selbst auslachten.
Seine schönsten Feiertage
haben sie dem Volk genommen,
bis zur Majestätsparade
war der erste Mai verkommen.

19

Gott sei es geklagt, Genossen,
wir, die treuen Sozialisten,
wir, die stets im guten Glauben,
wir, die immer unverdrossen,
wir, die fleißig, voll Vertrauen
wir die stets mit Zuversicht
immer alles mitbeschlossen,
– wie wollen wir das verdauen?
Gott sei es geklagt, Genossen.
Auf wen sonst wolln wir jetzt bauen?

20

Das war mein Parteilehrjahr:
das Volk war der Dozent,
die Straße war der Hörsaal,
die Reichsbahn Assistent.

Das war ein Parteilehrjahr,
doch die Lektion ist kurz:
wer dem Volk nicht traut,
ist für das Volk ein Furz.

21

Silke (17): Seitdem die Mauer auf ist,
verblöden hier alle.

22

Dies Volk hier, das sich erneuert,
dies Volk hier flippt langsam aus,
dies Volk ist schon ziemlich bescheuert,
verläßt seine Arbeit, sein Haus,
dies Volk treibt sich rum vor den Türen
und jetzt zieht es nackt sich aus,
ach Volk, weißt du nicht, du wirst frieren,
du darfst dich nicht selber verlieren,
wenn erst fremde Pelze dich zieren,
dann bist du im Pelz nur die Laus.

23

Daß wir jetzt freier sprechen
hat das Volk erzwungen
und bitter für bezahlt.
Zuviele von den Jungen
sind fort und das Vertrauen
wird nicht herbeigesungen,
von noch so lockren Zungen.
Jetzt müssen wir drauf schauen,
wer sich im Land durchschlaucht
und auf die Finger hauen,
dem, der jetzt Macht mißbraucht.

24

Sie haben uns eingezäunt,
wie ihr Jagdgebiet,
sie haben rumgeballert,
bis uns Hören und Sehen
vergangen war,
sie haben uns das Fell
über die Ohren gezogen
und mit unseren Hörnern
die Kamine
ihrer Hütten geschmückt.
Sie warfen uns zum letzten
Halali
den Hunden zum Fraß,
beißen wir,
aber nicht
ins Gras.

25

Warten wir nie mehr auf Zeichen von OBEN,
auf Sonnenschein, Regen, Donner und Blitz,
fangen wir nie mehr an, Götter zu loben,
Götter sind furchtbar – am Ende ein Witz.

26

Volk und Partei sind 1
Partei und ZK sind 1
ZK und Politbüro sind 1
und
Politbüro und Generalsekretär sind 1
Und wenn der Generalsekretär eine 0
ist, ihr Mathematiker, wie
rechnet man das dann zurück?

27

Die rote Fahne kann man doch nicht wenden,
ich grüble, grüble, wie das alles kam,
die rote Fahne, wieviel Rot kann sie ertragen,
zum Rot des Blutes noch das Rot der Scham?

28

Diese DEMO in Leipzig,
diese MONTAGE des Volkes und jetzt
diese DEMONTAGE des Landes dieses Volkes.

29

Wir wolln nicht stehen treiben,
wir wolln nicht sehen blind,
wir wollen gehen bleiben,
gerad jetzt im harten Wind.
Wolln nicht im Schlaf bewachen,
was uns hier hält und treibt,
wir wolln nicht dulden machen,
nur, was wir ändern bleibt.
Wir wolln nicht stehen treiben,
nicht standhaft kriechen, nein,
wir wollen gehen bleiben,
das möcht ich flüstern schrein.

30

Stalin stirb! Warum kannst du nicht sterben,
fault da ein leerer Sarg unter dem Stein,
wie konnten deine unseligen Erben
dich vor dem Sensenmann verstecken,
wie konnten sie dein kaltes Totenbein
in ihren Herzen wieder wecken
und wie kamst du in unsere Köpfe rein?
Stalin stirb in uns, sonst müssen wir verrecken.

31

Als ob ich ausm Knast gekommen wäre,
das Tor wird gerad verriegelt hinter mir

1945
Ein ganz neuer Weg
muß beschritten werden

und um mich her ist eine solche Leere,
ich sehn mich hinter die Gefängnistür.
Der Schlüssel dreht sich knirschend um im Schlosse,
ich weiß nicht, wer für welche Sache steht
und wer hier draußen ist noch mein Genosse
und da fragst du noch, wie es mir geht.
Ich habe meine Jahre abgesessen,
ich war kein Aufseher im Land, kein Gast,
die Jahre warn gerecht mit zugemessen,
ich habe mein Gefängnis nicht gehaßt.
Der Schlüssel dreht sich knirschend um im Schlosse,
ich weiß nicht, wer für welche Sache steht,
und wer hier draußen ist noch mein Genosse
und da fragst du noch, wie es mir geht.
Wir sind nicht mehr im Land der Fackelzüge,
Im Lande neunundneunzigkommaneun,
wir warn das Land des Zwanges und der Lüge,
jetzt sind wir frei – und keiner kann sich freun.

32

Vater, mir ist es im Magen so flau,
was hockst du zu Hause, ganz klein und grau
und an deinem Wartburg steht: Stasi-Sau.
Vater, was hast du den Leuten getan,
die Leute, die sehn mich so seltsam an,
ich weiß nicht, ob ich noch zur Schule kann.
Son Typ schrie: euch schlagen wir auch noch tot!
Der Bäcker sagt: Hier gibts für euch kein Brot,
du Vater, ich glaube, wir sind in Not.
Du sagtest, daß du uns vor Feinden schützt,
hat deine Arbeit denn gar nichts genützt?
Du, Vater ist besser, wenn wir jetzt fliehn,
wie soviele andre nach Westberlin.

33

Die Reißwölfe in den Kellern
haben sich sattgefressen.
Die Reißwölfe in den Köpfen:
VERGESSEN
VERGESSEN
VERGESSEN

geschrieben von September
bis Dezember 1989